Umschlagmotiv: Porto Azzurro
Herausgeber: Polyglott-Redaktion
Autorin: Monika Pelz
Lektorat: Stefan Kraft
Gestaltung: Illustration & Graphik Forster GmbH, Hamburg
Karten und Pläne: Christiane Reiß
Titeldesign-Konzept: V. Barl
Realisation: Studio Wolf Brannasky

Ergänzende Anregungen, für die wir jederzeit dankbar sind,
bitten wir zu richten an:
Polyglott-Verlag, Redaktion, Postfach 40 11 20, D-80711 München.

Alle Angaben wurden sorgfältig geprüft. Dennoch kann eine Gewähr
für Vollständigkeit und Richtigkeit nicht übernommen werden.

Zeichenerklärung

❶ Information
🛬 Flugverbindungen
🛳 Schiffsverbindungen
⚠ Campingplatz
🕓 Öffnungszeiten
☏ Telefonnummer
📠 Faxnummer
🏨 Hotel
Die Preise gelten für Doppel-
zimmer mit Bad; mit der
Angabe HP (= Halbpension)
gelten sie jeweils pro Person.
Ⓢ⟩⟩ über 120 000 Lire
Ⓢ⟩ zwischen 80 000–120 000 Lire
Ⓢ bis 80 000 Lire
🏛 Restaurant
Die Preise gelten jeweils für
ein komplettes Essen, beste-
hend aus Vorspeise, Nudelgericht und Hauptspeise.
Ⓢ⟩⟩ über 50 000 Lire
Ⓢ⟩ 35–50 000 Lire
Ⓢ bis 35 000 Lire

Routenpläne

━①━ Route mit Routenziffer
▬▬▬ Autobahn, Schnellstraße
─── sonstige Straßen, Wege
━·━·━ Staatsgrenze, Landesgrenze
━ ━ ━ National-, Naturparksgrenze

Stadtpläne

▭▭▭ Durchgangsstraße
─── sonstige Straßen
▭▭▭ Fußgängerzone
═══ Fußweg

Erste Auflage 1996

Redaktionsschluß: Oktober 1995
© 1996 by Polyglott-Verlag Dr. Bolte KG, München
Printed in Germany
Gedruckt auf chlorfrei gebleichtem Papier
ISBN 3-493-62900-1

Polyglott-Reiseführer

Elba

Monika Pelz

Polyglott-Verlag München

Allgemeines

Stadtbeschreibung

Portoferraio – Die einzige Stadt der Insel S. 26

Italienischen Alltag gilt es in den steilen Gäßchen der Altstadt zu entdecken, die ihr Flair bewahrt hat, und natürlich Napoleons Villa.

Routen

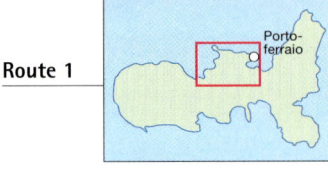

Route 1

Wasserspaß am Meer, Kultur mit Napoleon S. 36

Der schönste Strand der Insel wartet in Biodola, hübsche Mädchen und schnittige Surfer am Strand von Procchio.

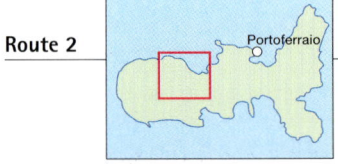

Route 2

Die grüne Seite Elbas S. 43

Idyllische Bergstädtchen wie Sant'Ilario und Procchio verheißen ruhige Ferien in der Natur, Marciana Marina bezaubert durch einheimische Atmosphäre.

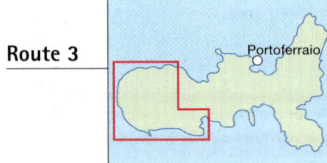

Route 3

Der einsame Westen S. 53

Die einstige Inselhauptstadt Marciana Alta fiel im 17. Jh. in einen Dornröschenschlaf, aus dem der beschaulich ruhige Westteil der Insel gerade erst erwacht.

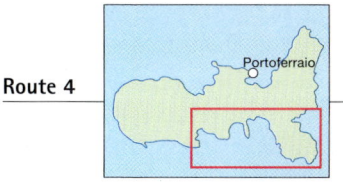
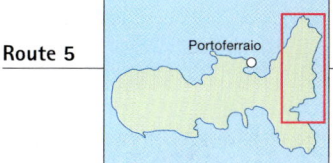
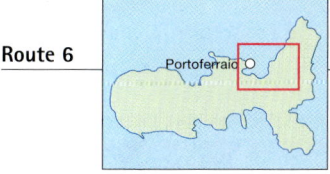
Bildnachweis

Alle Fotos Monika Pelz außer Archiv für Kunst und Geschichte, Berlin: 13/2-3.
Bildarchiv Steffens/Werner Heidt: 79/1. Werner Dieterich: 1, 7/2, 15, 19/2, 23/1,
25/1, 27, 29/2, 35, 39/1, 41, 43/2, 47/1, 49/1-2, 51/1, 53/3, 59/1, 61/1, 63/2-3,
65/1, 71/1, 75/3, 77/3, 83/2, 87/2, 89/1-2. Peter Eckert: 11/1, 37/1, 45/1. Elisabeth
Galikowski: 33/3, 39/3, 45/3, 47/2. Oliver A. Krist: 7/1, 21/2, 25/3, 33/1, 37/3,
39/2, 59/3, 67/3, 71/3, 73, 87/3, 89/3. Herbert Hartmann: Umschlag (Bild). Super-
bild/Bernd Ducke: Umschlag (Flagge).

Fremde Kulturen kennenlernen und gastfreundlichen Menschen begegnen – wie sehr genießen wir das auf Reisen. Zu Hause bei uns jedoch wird mancher Ausländer von einer kleinen Minderheit beschimpft, bedroht und sogar mißhandelt. Alle, die in fremden Ländern Gastrecht genossen haben, tragen hier besondere Verantwortung. Deshalb: Lassen Sie es nicht zu, daß Ausländer diffamiert und angegriffen werden. Lassen Sie uns gemeinsam für die Würde des Menschen einstehen.

Verlagsleitung und Mitarbeiter des Polyglott-Verlages

Editorial

Mediterrane Atmosphäre, im Sonnenlicht glitzerndes Wasser, grüne Hügel
und Berge, freundliche Menschen –
Elba entspricht der Vorstellung von
einem heiteren Urlaubsziel in seiner
ganzen Vielfalt. Kleine, freundliche
Bergstädtchen vervollständigen diesen
Eindruck von einem angenehmen, weit
vom Alltagsstreß entfernt liegenden
Ort – schon die Römer kamen zur Erholung auf diese Insel! Doch die ab-
wechslungsreiche Landschaft hält mehr
bereit als nur Sonne, Strand und Wasser. Das Massiv des Monte Capanne
bildet den imposanten Kontrastpunkt
zur lieblichen Landschaft Mittelelbas,
die seit Jahrhunderten von den Bewoh-
nern in eine weite Parklandschaft ver-
wandelt wurde.

Toskanisch muten die sanften Hügel
mit ihren Weinreben, Zypressen, Oli-
venbäumen und Schirmpinien an. Die
dichte, duftende und blühende Macchia, die Elba an vielen Stellen überzieht, verleiht der Insel einen südlichen
Charakter, den das milde Klima noch
unterstreicht. Und nicht zuletzt der seit
der Antike betriebene Eisenerzabbau
trug zur Faszination Elbas bei: die aufgewühlte, ausgelaugte rote Erde schimmert durch das Grün der Macchia, mi-
neralienhaltige Strände, im Sonnenlicht blinkende Steine zählen zu den
Eigenarten, die Elba aus der Masse der
Mittelmeerinseln herausheben.

Neben dieser nie langweilig wirkenden
Natur bietet Elba einige Kulturzeugnisse für Interessierte – und Napoleonfans
können dem Kaiser auf Schritt und
Tritt über die Insel folgen. Das ganze
Eiland gilt es zu entdecken, man sollte
sich von seinem Zauber einfangen lassen und nicht nur die Traumstrände
besuchen. Dem Wanderer wird sich eine mediterrane Welt in all ihrer Schön-
heit und Vielfalt öffnen ...

*Napoleon-Denkmal im Garten
von San Martino*

Fischer in Rio Marina

Die Autorin

Monika Pelz
geboren 1962 in Traun-
stein, studierte in Mün-
chen, Florenz und Pisa
Geschichte, Politologie
und italienische Lingui-
stik. Durch langjährige
Aufenthalte in der
Toskana hat sie Land
und Leute kennen- und
schätzengelernt. Zur
Zeit arbeitet und lebt
sie in Pisa. Von ihr wur-
den auch die Polyglott-
Reiseführer „Toskana"
und „Florenz" geschrie-
ben.

Die ganze Toskana auf einer Insel

Reif für die Insel? Am weißen Sandstrand faulenzen, sich die Sonne auf den Bauch scheinen lassen, den sanft heranrollenden Wellen zusehen und nichts weiter denken oder tun müssen – so können gestreßte Erholungssuchende ihren Urlaub auf Elba gestalten. Für Aktivere bietet sich ein Spaziergang oder eine größere Wanderung in Elbas Hügeln und Bergen an, die mitten hineinführt in eine mediterrane Welt, die sich duftend und blühend von ihrer schönsten Seite zeigt.

Lage und Landschaft

Wie ein Fisch schwimmt Elba 10 km von der toskanischen Küste entfernt im Tyrrhenischen Meer. Im Westen erhebt sich der überdimensionale Kopf mit dem höchsten Berg – dem Monte Capanne (1018 m) – weit aus dem Wasser. In der Mitte bilden die beiden ins Meer ragenden Vorsprünge (von Portoferraio bis zum Kap Enfola im Norden sowie das Kap Stella im Süden) die Rücken- und Bauchflossen an dem etwas zu kurz geratenen, flacheren Fischkörper. Die ausgeprägte Schwanzflosse im Osten akzentuiert die nur 2,5 km breite Landzunge zwischen dem Golf von Stella und dem Strand von Mola. Den drei Teilen des Fischkörpers entsprechen die drei unterschiedlichen Landschaftstypen Elbas. Das Granitmassiv des Monte Capanne dominiert im *Westen*, sein Gebirgscharakter erinnert an den Appennin der nördlichen Toskana. Schattige Kastanienwälder bedecken den Granit an der Nordseite des Massivs um Poggio und Marciana Alta, während an der südlichen Seite eine eher spärliche Vegetation im Sommer an vielen Stellen den nackten Fels hervortreten läßt. Große Granitplatten bieten Sonnenanbetern in den kleinen Badebuchten hier ideale „Liegeflächen". In die „klassische" Toskana glaubt man sich dagegen in *Mittelelba* versetzt: Olivenhaine, Weinberge, Zypressen und Schirmpinien überziehen die hügelige Landschaft. Weite Sandstrände laden zu Badevergnügen und Wassersport ein. Völlig anders präsentiert sich der *Osten* Elbas: Der eisenhaltige und mineralienreiche Boden schimmert überall rötlich durch die dichte immergrüne Macchia der wieder auf 500 m ansteigenden Hügel.

Klima und Reisezeit

Die beste Reisezeit für Elba? Hängt ganz davon ab, was man auf Elba machen möchte: Schwimmen, Wandern oder Ruhe finden? Das milde, relativ trockene Klima der Insel lädt ganzjährig ein. Ideal zum Baden, Sonnen und für den Wassersport sind natürlich die Sommermonate. Im April und Mai können sich Sonnenhungrige schon an den Strand legen. Das kühle Naß ist in diesen Monaten wirklich noch kühl, während es nach der langen Aufwärmphase in den Sommermonaten noch bis in den Oktober hinein angenehm zum Schwimmen bleibt. Auch im Hochsommer wird die Hitze selten unerträglich, da auf Elba dann häufig der *Ponente,* ein angenehmer Westwind, weht. Überhaupt die Winde. Der heiße *Scirocco* bringt im Winter und Frühjahr angenehme Temperaturen aus Nordafrika mit, während man zur gleichen Zeit beim kalten *Maestrale* aus Nordwesten froh über einen warmen Pullover ist. Der *Tramontana* direkt aus dem Norden kann so manchen sonnigen Herbsttag empfindlich abkühlen. Wandern, Mountainbikefahren oder reiten sollte man trotz eines möglichen Regenschauers lieber im Herbst oder Frühjahr, im Sommer kommt man auf den sonnigen Aufstiegen mit Sicherheit ganz schön ins Schwitzen. Am schönsten wandert man im Frühjahr. Die grüne Macchia verschwindet dann geradezu in einem Blütenmeer. Man wird – außer an den Osterfeiertagen – die landschaftlichen Reize der Insel noch in relativer Ruhe genießen können, im Sommer hingegen zählt Elba zu den beliebtesten Reisezielen italienischer wie deutscher Urlauber. Ruhe und einsame Strände wird man dann oft vergeblich suchen. Ganz im Gegensatz zum Winter, der ungestörte Strandspaziergänge, lange geruhsame Vormittage im Hafencafé bei einem Cappuccino und blühende Mimosen im Februar verspricht – im Winter bietet Elba vor allem viel, viel Ruhe und Erholung.

Natur

Natur lautet in dieser Ecke der sonst so kunstsinnigen Toskana das Zauberwort: Weiße Sandstrände in Mittelelba, Kastanien- und Korkeichenwälder im Norden unterhalb des Monte Capanne, mächtige Granitfelsen, die durch Auswaschung bizarre Formen bilden (schön zu sehen bei der Kirche Madonna del Monte), nehmen hier die erste Stelle ein – sowie die blühende und duftende Macchia. Die wenigen noch verbliebenen Kulturzeugnisse vergangener Jahrhunderte treten in den Hintergrund – oder haben mit Natur zu tun. Die terrassenförmig angelegten Felder und Gärten um Capoliveri sowie im Westteil der Insel passen sich in die Landschaft ein, gestalten ihre Oberfläche wie die Weinberge und Olivenhaine Mittelelbas. Dominiert wird die Insel jedoch überall von der Macchia, die selbst die aufgegebenen Terrassenfelder im Südwesten Elbas wieder überwuchert – genauso wie die seit 1982 geschlossenen Erzminen auf der Halbinsel Calamita und in der Gegend um Rio. Hier bedeutet „Natur" ein Ensemble aus rostroten erzhaltigen Böden und Schlacken, verrostenden Minen- und Verladeanlagen, grüner Macchia und blauem Meer. Apropos Meer: Die artenreiche Meeresfauna macht die Insel zu einem Tauchparadies mit kleinen Korallenbänken und Schwamman-

Macchia

Das Wort *Macchia* stammt vom französischen *Maquis* und bedeutet *Zistrose*. Die weiß oder rosa blühende Pflanze mit ihren leicht klebrigen Blättern gab dieser Form des niedrigen Buschwaldes ihren Namen. Zu einem fast undurchdringlichen Gestrüpp vereinigen sich hier Mini-Steineichen, wilde Olivenbäume (Oleaster), Mastixbäume (weinrote kleine Früchte), Erdbeerbäume (mit kugelförmigen roten oder gelben Früchten, Erdbeeren nicht unähnlich), weiß oder zartrosa blühende Baumheide (ähnelt dem Mini-Heidekraut). Überall leuchten im Frühjahr in der Macchia vier verschiedene gelbe Ginsterarten. Der typische Geruch der Macchia, der die ganze Insel in ein einzigartiges Aroma hüllt, entsteht, wenn die kleinen, oft dornigen Blätter und Stämme an warmen Sonnentagen ätherische Öle abgeben. Verstärkt wird dieser Duft noch durch unzählige Kräuter wie Lavendel (dunkelblau blühend), Rosmarin (hellblau), Fenchel (gelblich), Thymian (blaßblau), Salbei (dunkellila) oder Minze (blaßrosa bis lila), die vor allem im besonders niedrigen Macchiagebüsch (als *Garrigue* bezeichnet) vorkommen.

sammlungen. Die Fauna der Insel selbst kann nur mit Geckos und Eidechsen als „Besonderheiten" aufwarten. Einzig die giftige Aspisviper (am etwas abgesetzten Kopf, dem plumpen Körper sowie dem Stummelschwanz erkennbar) kann für ungewollte Aufregung sorgen.

Elbaner Traditionen verschwinden

Die echten Elbaner werden immer weniger! Viele Festlanditaliener zieht es aufgrund guter Arbeitsmöglichkeiten im Tourismus sowie der geringen Umweltbelastung auf die Insel. So verzeichnet der Toskanische Archipel die prozentual höchste Bevölkerungszunahme der gesamten Toskana.

Zuwanderer und der Tourismus veränderten die Lebensgewohnheiten der Insulaner. In den traditionellen *Cantinas*, eine Art 1-Zimmer-Apartment, in dem auch der Wein gekeltert und aufbewahrt wurde, wohnt heute fast niemand mehr. Viele dieser Wohnräume werden als komfortable Ferienwohnungen vermietet. Auch die mühsame Bestellung der Weingärten auf den Terrassen im Westteil der Insel über den Orten Chiessi oder Pomonte geben immer mehr Elbaner auf. Einzelne Terrassen erkennt man noch, auch wenn die Macchia schon wieder Besitz von ihnen ergriffen hat. Vielleicht hat man Glück und es kommt gerade einer der letzten Alten mit vollbepacktem Esel die neue Küstenstraße entlang, die Westelba aus seinem Dornröschenschlaf riß und touristisch erschloß. Mehr „Brauchtum" wird man auf Elba wohl kaum finden. Selbst die *Caprili*, kleine runde ohne Mörtel errichtete Steinhütten, die einst Ziegenhirten (*capra*-Ziege) als Schutz dienten, werden heute von Wanderern an der Südwestflanke des Monte Ca-

---

Steckbrief

Lage: 10 km vor der toskanischen Küste, 50 km östlich von Korsika; mit den Inseln Gorgona, Capraia, Pianosa, Montecristo, Giglio und Giannutri (von N nach S) bildet Elba den toskanischen Archipel.

Größe: 224 km², drittgrößte Insel Italiens nach Sizilien (25 460 km²) und Sardinien (24 100 km²), größte Insel des Toskanischen Archipels.

Länge: 27 km

Breite: 18 km, schmalste Stelle 3,5 km zwischen Procchio und Marina di Campo.

Höchste Berge: Monte Capanne 1018 m im Westen, im Osten Cima del Monte 516 m bei Rio nell'Elba und Monte Calamita 413 m bei Capoliveri.

Bodenbeschaffenheit: Westen – Granitmassiv; Mittelelba – Sedimentgesteine wie Sand- und Kalkstein, lehmhaltiger Schiefer, sowie harter Granitporphyr; Osten – Magnetit, Eisenerze, Kiese, die aus kristallisierten Kalksteinen entstanden.

Landwirtschaftlich genutzte Fläche: 1650 ha = 7,4 %; davon 400 ha für Weinbau = 24,2 %, 47 ha für Olivenbäume = 2,8 %.

Wald: 3143 ha (1990) = 14 %.

Bevölkerung: 27 986 Einwohner = 8,3 % der 336 626 Einwohner der Provinz Livorno.

Verwaltung: Elba gehört zur Provinz Livorno; Gliederung in acht Gemeinden (Campo nell'Elba, Capoliveri, Marciana, Marciana Marina, Porto Azzurro, Portoferraio, Rio Marina, Rio nell'Elba).

Größte Gemeinden: Portoferraio mit 11 042, Campo nell'Elba mit 4274 und Porto Azzurro mit 3111 Einwohnern.

---

panne als touristische Attraktionen aufgesucht. Hirten gibt es fast keine mehr ...

Wirtschaft und Umwelt

Früher: *Eisen einladen* – heute: *Touristen ausladen.* So kann man die Wirtschaft Elbas auf einen Nenner bringen. Seit der Antike wurde auf der Insel Eisenerz abgebaut – bis 1982. In diesem Jahr legte man die letzte Erzmine still. Nicht etwa weil nach über 2000 Jahren nichts mehr zu Abbauen da wäre (auch heute liegen die größten Lagerstätten Italiens auf Elba), sondern weil billiges Importeisen den Abbau unrentabel macht. Parallel zum Niedergang der Minen entwickelte sich die Insel zur Touristenhochburg. Heute finden 63 % der Bevölkerung direkt in diesem Bereich ihr Auskommen. Schwerindustrie gab es auf der Insel nur bis 1944, als sämtliche Hochöfen in Portoferraio durch Luftangriffe zerstört wurden. Eine Zementfabrik existierte noch bis Ende der 60er Jahre, 1995 wurde nun auch die letzte Fischfabrik in Marciana Marina geschlossen. Die landwirtschaftlich genutzte Fläche ging in den letzten 20 Jahren um zwei Drittel auf 1650 ha zurück. Der Weinbau, bis zum Tourismusboom neben dem Eisenerz wichtigster Wirtschaftsfaktor Elbas, produziert heute meist nur für den Eigenbedarf – außer in wenigen gut organisierten Betrieben, die auf geringe Mengen und hohe Qualität setzen. Die große Abhängigkeit der Insel von der „Monokultur" Tourismus förderte bei vielen Elbanern den Gedanken des Umweltschutzes. Intakte Natur, gute Wasserqualität, der Landschaft angepaßte Bauten – Vorrang in den kommunalen Plänen haben daher Umweltschutzmaßnahmen wie z. B. in Capoliveri, wo die Kommune 40 % ihrer Gelder für Abwasserreinigung, Kanalisation und Müllbeseitigung ausgibt. Selbst das Projekt „Naturpark Toskanischer Archipel" gewinnt Anhänger, nachdem sich die Hotelbesitzervereinigung dafür ausgesprochen hat.

Die wildzerklüftete Südwestküste Elbas

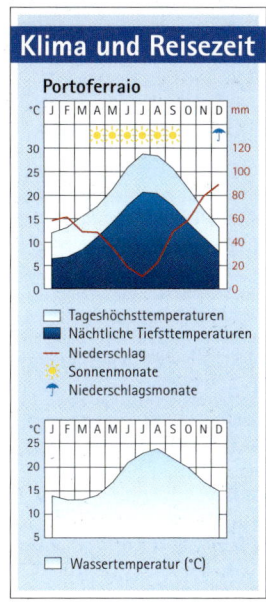

Klima und Reisezeit

Portoferraio

☐ Tageshöchsttemperaturen
■ Nächtliche Tiefsttemperaturen
— Niederschlag
☀ Sonnenmonate
☂ Niederschlagsmonate

☐ Wassertemperatur (°C)

ab 3000 v. Chr. Ackerbauern und Hirten besiedeln Elba.

um 1000 v. Chr. Handelsschiffe aus Kleinasien fahren Elba an (Kupferabbau).

um 700 v. Chr. Beginn des etruskischen Einflusses.

ab 500 v. Chr. Blütezeit des Eisenabbaus, Elba wird von Phöniziern, Griechen und Karthagern angefahren.

Ende 5. Jh. v. Chr. Bau etruskischer Wachfestungen auf den Hügeln.

um 250 v. Chr. Römische Eroberung Elbas; Eisen- und Granitabbau.

1. Jh. v. Chr.–2. Jh. n. Chr. Nachlassen der Eisenförderung, Elba wird zum Durchgangshafen; römische Villenkultur.

Völkerwanderungszeit allgemeiner Niedergang auch auf Elba.

ab 6. Jh. Elba gehört zunächst zu Byzanz, wird dann langobardisch, Eremiten und Mönche lassen sich auf den fast unbewohnten Inseln nieder.

8.–10. Jh. Sarazenische Piraten nutzen die Insel als Stützpunkt.

11. Jh. Beginn der pisanischen Präsenz; politischer, ökonomischer, administrativer und kirchlicher Wiederaufbau; Sicherung der Insel durch Festungsbau gegen die Sarazenen;

Wiederaufnahme der Eisen- und Granitförderung; Kirchenbauten.

1399 Der Pisaner Stadtherr Gherardo Appiano verkauft Pisa an den Herrn von Mailand Gian Galeazzo Visconti und behält für sich ein kleines Territorium um Piombino sowie die Inseln Elba, Pianosa und Montecristo.

bis 1603 Die Appiani versuchen durch geschickte Heirats- und Bündnispolitik ihre Herrschaft zu sichern, können aber die Insel nur ungenügend vor türkischen, spanischen, neapolitanischen, päpstlichen, französischen und Genueser Angriffen schützen.

1509 Kaiser Maximilian I. legalisiert die Appiani-Herrschaft.

1548 Kaiser Karl V. verkauft den Staat der Appiani an den Medici-Herzog Cosimo I., der Portoferraio zur Festung Cosmopoli ausbaut.

1557 Cosimo I. erhält endgültig Portoferraio, die Appiani können den Reststaat mit Elba und Piombino wieder in Besitz nehmen.

1603 Tod des letzten legitimen Appiani Jacopo VII., die Spanier sichern sich ihren Einfluß auf der Insel durch den Bau der Festung Longone (Porto Azzurro), Rudolf II. zieht das Lehen ein.

1635 Niccolò Ludovisi erhält das Fürstentum Piombino mit Elba außer Porto-

Napoleon (1769–1821)

„Elbaner, ich hinterlasse Euch Frieden. Ich hinterlasse Euch Wohlstand. Ich hinterlasse Euch eine saubere, schöne Stadt. Ich hinterlasse Euch meine Straßen und Bäume, für die Eure Kinder mir danken werden." Mit diesen Worten verabschiedete sich Napoleon am 26. Februar 1815 von der Insel, die er am 4. Mai 1814 zum erstenmal betrat.

Ganz unrecht hatte Napoleon nicht. In Frankreichs Kriegen nach der Revolution von 1789 kam der kleine Korse nach oben. Seine militärischen Erfolge sicherten 1802 im Frieden von Amiens auch Elba für Frankreich. 1804 ließ er sich zum Kaiser ausrufen, eroberte in den folgenden Jahren halb Europa und mußte nach seiner Niederlage in der Völkerschlacht bei Leipzig (Okt. 1813) gegen Preußen, Österreich, Rußland

ferraio (Großherzogtum Toskana) und Longone (Spanien).

17./18. Jh. Kämpfe der Franzosen, Spanier, Engländer und kaiserlicher Truppen um die strategisch wichtige Insel.

1802 Die ganze Insel wird französisch.

1814 Am 3. Mai Beginn der 300 Tage Napoleons auf der Insel.

1815 Elba wird wieder Teil des Großherzogtums Toskana.

1860 Die Insel schließt sich dem neuen Königreich Piemont-Sardinien an.

Anfang 20. Jh. Ausbau der Hochöfen in Portoferraio, Elba erreicht mit 30 000 Einwohnern seinen Höchststand.

1944 Bombardierung und totale Zerstörung der Hochöfen.

1950 Beschluß der italienischen Nachkriegsregierung, Elba zum Touristenzentrum auszubauen.

1982 Schließung der letzten Eisenmine.

1995 Kommunalwahlen: vier neu gewählte Bürgermeister Elbas (Portoferraio, Campo nell'Elba, Porto Azzurro, Rio nell'Elba) gehören dem Mitte-Links-Bündnis an, zwei (Marciana, Capoliveri) dem Mitte-Rechts-Bündnis.

Der Eisenerzabbau war 2000 Jahre ein gutes Geschäft – die Mine „Valle Giove" heute

Cosimo I.

und Schweden abdanken. Der Vertrag von Fontainebleau (2. April 1814) regelte die Zukunft des Kaisers: seine Verbannung nach Elba. Den Titel durfte er behalten, 700 Infanteristen und 150 Kavalleristen konnte er mitnehmen, der neue französische König Ludwig XVIII. sollte ihm 2 Millionen Franc im Jahr zahlen – was er allerdings nie tat. Und so traf der große Kaiser am 3. Mai 1814 vor der Insel ein, die er um

Napoleon I. Bonaparte in der Verbannung auf Elba

15.30 Uhr des nächsten Tages betrat. Die neue weiße Fahne Elbas mit dem roten Diagonalstreifen und den drei Bienen (für Portoferraio, Rio nell'Elba und Marciana Alta) wehte bereits, die Menge jubelte, doch Bürgermeister Traditi fand die Stadtschlüssel nicht. So überreichte er dem Kaiser seine vergoldeten Kellerschlüssel.

Rastlos trieb es den Kaiser über die Insel: Seine Unterkunft im Rathaus gefiel ihm nicht – in nur zwei Wochen baute man das ehemalige Gerichtsgebäude der Medici, das gut geschützt über Portoferraio zwischen den beiden Forts thronte, zur Villa dei Mulini um. Während eines Ausflugs verliebte er sich in das idyllische Tal von San Martino – bereits im August konnte er in seinem neuen Landsitz Feste feiern. Schwesterchen Paolina stiftete ihre Klunker für den Bau. Doch dem Kaiser war's zu heiß hier: Vom 23. August bis zum 5. September weilte er in der Einsiedelei von Madonna del Monte. Frische, kühle Bergluft, der Blick nach Korsika und ein Besuch seiner Geliebten, der polnischen Gräfin Walewska, versüßten Napoleon den Aufenthalt. Nach ihrer Abreise versuchte es der Kaiser mit Porto Azzurro. Er ließ die Festung Longone als Palast herrichten.

Während seines Aufenthaltes bemühte sich Napoleon, sein kleines Reich auf Vordermann zu bringen. Er baute eine erste Straße nach Porto Azzurro, begann die Strecke nach Lacona, ordnete die Verwaltung. Finanznöte trieben ihn zur verstärkten Eisenerzförderung, zur Salzgewinnung in den Salinen bei San Giovanni, ließen ihn die Rebstöcke auf nie wieder erreichte 32 Millionen aufstocken und den von den Medici eingeführten Thunfischfang wieder beleben. Doch Eisen, Salz, Wein und Fisch konnten seine vielen Vorhaben nicht finanzieren, neue Steuern wurden eingeführt. Wie hart Napoleon durchgreifen konnte, zeigte er, als sich Capoliveri weigerte zu zahlen. Der Pfarrer, der Bürgermeister und die Honoratioren wurden verhaftet, bis die Gemeinde ihren nicht freiwillig eingegangenen Verpflichtungen nachkam!

Eine saubere Stadt hinterließ Napoleon tatsächlich. Der Unrat, der auf Portoferraios Straßen herumlag, störte den Kaiser, der sich beim zuständigen Beamten beschwerte: „Der Herr Corsi, der mit der Reinigung beauftragt ist, übt seine Tätigkeit schlecht aus, oder überhaupt nicht." Der zuständige Beamte sollte einen neuen Straßenreiniger einstellen. Drastische Gebühren für Säumige verliehen einer weiteren Hygienemaßnahme des Kaisers Nachdruck: „Jeder Hausbesitzer muß – innerhalb von zwei Monaten – (Abwasser-) Gräben ziehen und Latrinen bauen."

Doch dies alles konnte Napoleon nicht befriedigen. Die Einsamkeit nach der Abreise Walewskas, Gerüchte über eine Verbannung auf die Azoren, Spannungen unter den Alliierten (Frankreich, Österreich und England verbündeten sich gegen Preußen und Rußland) mögen ihn bewogen haben, sein Exil zu verlassen und sich noch einmal auf Europas Bühne zu begeben. Gleichzeitig Unterhaltung und Ablenkung seines Bewachers, des englischen Oberst Campbell, waren daher der Ausbau von Longone, die Errichtung des Theaters in Portoferraio, die vielen Feste, Konzerte, Bälle. Die Täuschungsmanöver zeigten Wirkung. Während einer Livornoreise des Obersts nutzte der Kaiser die Gelegenheit und verließ am 26. Februar 1815 Elba. Seine Karriere endete am 18. Juni in der Schlacht von Waterloo, den Rest seiner Jahre mußte er erneut im Exil auf der Insel St. Helena verbringen, wo er am 5. Mai 1821 starb. Wohlstand brachte Napoleon der Insel, ohne Zweifel: Seine Exilzeit machte Elba bekannt, seine Spuren werden heute vermarktet. Daß die Elbaner nicht einem Napoleon-Mythos verfallen sind, zeigt die leere Kirche Chiesa della Misericordia, in der an jedem 5. Mai eine Messe für sein Seelenheil gelesen wird.

Napoleons Sommerresidenz –
die Villa San Martino

Kultur gestern und heute

Jeder, von den Etruskern bis Napoleon, der in Elba länger blieb, hinterließ der Insel etwas. Jeder, der nur kurz vorbeikam, zerstörte etwas: von den Syrakusern (5. Jh. v. Chr.) bis zu den Alliierten (1944). Übrig blieb nur wenig, künstlerisch Wertvolles kaum, dafür gibt es Spuren aus allen Epochen der Menschheitsgeschichte.

Wie alles begann

Die ersten Menschen, die Elba um 50 000 v. Chr. besiedelten, schlugen sich als Jäger und Sammler durch. Sie kamen trockenen Fußes, da Elba bis etwa 13 000 v. Chr. mit dem Festland verbunden war. Ab 3000 v. Chr. bewohnten Ackerbauern und Viehzüchter die Insel. Fundstücke aus dem Alltagsleben der vor- und frühgeschichtlichen Zeit besichtigt man im *Archäologischen Museum* von *Marciana Alta*.

Die Etrusker

Prächtige Graburnen oder Tempelfriese hinterließen die Etrusker auf Elba leider nicht. Abraummaterial und Erdschlacke zeugen auf der Insel von ihrer Präsenz ab 700 v. Chr. Sie begannen mit dem systematischen Abbau des Eisens im großen Stil. Das meiste Eisenerz verhütteten die Etrusker auf dem Festland in *Populonia*, dem Zentrum ihrer Herrschaft. Elba war stets nur „Arbeitsort". Grabhügel und Reste ihrer Kunst bewundert man daher noch heute im *Golf von Baratti*. Die einzigen sichtbaren Zeugnisse ihrer Anwesenheit auf der Insel bestehen in den (äußerst spärlichen) Resten der Ende des 5. Jhs. v. Chr. angelegten *Wachfestungen*. Die Griechen saßen in Korsika, die Syrakuser versuchten 453 eine Eroberung

Elbas, die wichtigen Eisenminen mußten geschützt werden – ein Thema, das Elbas Geschichte zu allen Zeiten bestimmte. Auf dem *Monte Castello* (Procchio) kann man sich auch heute noch vom strategischen Weitblick der Etrusker überzeugen – die Aussicht ist überwältigend.

Die Römer

Die Wachfestungen der Etrusker verhinderten auf Elba genausowenig wie auf dem Festland die Eroberung durch die Römer (um 250 v. Chr.). Die Römer setzten den Erzabbau zunächst fort und stellten ihn mangels Brennmaterials um 100 v. Chr. allmählich ein. Beweise römischer Präsenz auf der Insel finden sich daher heute in Rom: die Granitsäulen des Pantheons stammen wie viele andere aus Elba.

Die Römer erkannten auch als erste die eigentliche Bestimmung der Insel: Hier sollte man Ferien machen, sich vom Alltagsstreß erholen. Die Reste ihrer prächtigen Villen *(Le Grotte, Linguella)* und die vielen gesunkenen Schiffe, die Lebensmittel und Luxusgüter für ihre reichen Bewohner brachten, lassen ihren Lebensstil noch erahnen, schöne Zeugnisse befinden sich im *Archäologischen Museum* in Portoferraio.

Frühes Mittelalter

Wie ein Puzzlespiel kann man die wenigen Zeugnisse dieses Zeitraums zusammensetzen, viele Teile fehlen aber gänzlich. Auf den Spuren des hl. Cerbone, der Ende des 6. Jhs. Einsamkeit für Gebet und Buße suchte, wandelt, wer dessen *Einsiedelei* bei Poggio besucht.

Die Kirche *San Niccolò* in San Piero in Campo zeigt einen klar byzantinischen Grundriß – mehr blieb nicht von Ostrom. San Michele war der Lieblingsheilige der Langobarden, der Name der heutigen Friedhofskirche in *Capoliveri* dokumentiert ihre Anwesenheit wie die Ortsbezeichnung *gualdus* (Wald).

Pisaner Romanik

Nichts Vergleichbares zum Dom in Pisa, aber immerhin Kunst. Die Pisaner organisierten erstmals systematisch die Seelsorge und überzogen die Insel mit einem Netz von Taufkirchen. Die noch erhaltenen romanischen Kirchen des 12. Jhs., *S. Stefano alle Trane, S. Lorenzo* (Marciana Alta), *S. Giovanni, S. Niccolò* (San Piero in Campo) oder *S. Michele* (Capoliveri) weisen alle typisch Pisaner Schmuckformen in Fassade, Längsmauern oder Apsis auf.

Die schön gelegene romanische Kirche Santo Stefano alle Trane

Gotik, Renaissance, Barock?

Gotik – Fehlanzeige. Renaissance – ein bißchen Fassade der Kirche San Francesco in Marciana Alta. Barock – ein, zwei nicht sehr bedeutende Kirchen wie *Santa Caterina* in Marciana Alta oder *Madonna di Monserrato* bei Porto Azzurro. „Von den Pisanern bis ins 18. Jh. blieb sonst nichts erhalten?", fragt man sich unwillkürlich. Aber natürlich, das Dauerthema der Insel: Festungsarchitektur!

Erstmals seit etruskischer Zeit sicherten die Pisaner Elba wieder mit neuen Wehrbauten. Die Sarazenentürme in Marciana Marina, Marina di Campo oder San Giovanni in Campo sowie die Festungen in Marciana Alta oder Volterraio zeugen noch heute von ihren Anstrengungen. Die sarazenischen Piraten, die vom 8.–11. Jh. das Tyrrhenische Meer unsicher machten, verschwanden – um dann im 15. Jh. als türkische Korsaren wieder aufzutauchen.

Die neuen Inselherren, die Familie Appiani, bauten also weiter: den Wachturm auf dem Monte Giove bei Rio nell'Elba, den Turm am Hafen von Rio Marina, sie sicherten Poggio und Marciana Alta. Im Vergleich zum rechteckigen, einfachen Turm von San Giovanni weist der achteckige Wehrturm in Rio Marina schon mehr Geschmack auf. Gute Beispiele der Militärarchitektur der Renaissance bilden aber erst die

Der Sarazenenturm am Hafen von Marciana Marina

Sprache

Auf so einer kleinen Insel gibt es Unterschiede im Dialekt? Bis heute kann man die lange Florentiner Herrschaft in Portoferraio im typischen *dugento* (mit weichem Konsonant) statt dem italienischen *ducento* (zweihundert) heraushören. Im Westen der Insel bestanden enge Verbindungen zu Korsika, eine Straße nach Mittelelba gab es ja nicht: statt italienisch tramonto heißt der Sonnenuntergang hier *poscia del sole*, im Anklang an das franz. *coucher du soleil*.

Festungen Cosimos I.: *Forte Falcone, Forte Stella* und der *Linguella-Turm.* Die Spanier wollten da nicht zurückstehen. Sie nahmen sich für ihre 1603 begonnene *Festung Longone* Antwerpen zum Vorbild. Auch der letzte große Festungsbau der Insel, *Forte Focardo* gegenüber von Longone, stammt von den Spaniern.

Die Franzosen

Die Franzosen kamen 1802 als große „Zivilisationsbringer". Auch sie bauten, aber öffentliche Schulen, Straßen, neue Brücken. Bereits vor Napoleon begannen seine Landsleute mit den „Infrastrukturmaßnahmen", die der Korse dann während seines Aufenthaltes energisch weiter vorantrieb.

Napoleon brauchte natürlich auch eine angemessene Residenz, oder besser gleich zwei: Die Villen *dei Mulini* und *San Martino* entstanden. Auch sein einziges Theater verdankt Elba dem Franzosen.

Und was fügte das 20. Jahrhundert hinzu? Das häßliche Hochhaus am neuen Hafen von Portoferraio!

Veranstaltungskalender

Am frühen Abend wohnt man andächtig der Messe bei, anschließend tobt man ausgelassen beim Rockkonzert oder wartet aufs Feuerwerk. So in etwa verlaufen die Feste der Stadtheiligen in ganz Italien, nicht etwa nur auf Elba. Und Feiertag ist dann natürlich auch.

29. April: Portoferraio – San Cristino.
29. Juni: San Piero in Campo – San Pietro
15. Juli: Rio nell'Elba – Ss. Giacomo e Quirico.
15. Juli: Porto Azzurro – San Giacomo.
7./8. August: Marina di Campo – San Gaetano.
12. August: Marciana Marina – Santa Chiara.
16. August: Rio Marina – San Rocco.
Heilig-Drei-König: Eselrennen der acht Gemeinden Elbas.
Ostern: Karfreitagsprozessionen in fast allen Orten Elbas. In *Capoliveri* werden Christus und die beiden mit ihm Verurteilten auf der Piazza abends ans Kreuz gebunden.
Die Einwohner von *Sant'Ilario* und *San Piero* marschieren frühmorgens schweigend aneinander vorbei zu den Friedhöfen des jeweiligen Nachbardorfs. Nach der Rückkehr findet die eigentliche Prozession statt: Eine Christusfigur wird durch die Straßen getragen, Trauermusik begleitet sie.
Ostermontag: Nach einer Prozession von Rio nell'Elba zur Kirche *Santa Caterina* spielt beim anschließenden Zusammensein das *Sportella*-Gebäck eine wesentliche Rolle. Unter dem Namen „kleine Türöffnung" mag sich jeder vorstellen, was er will – an heidnische Fruchtbarkeitsriten im Frühjahr erinnert es mit Sicherheit.
Übrigens ist es in Italien Tradition am Ostermontag ein Familienpicknick zu veranstalten.
14. Juli: Festa dell'Innamorata (Capoliveri) siehe Seite 71.
Wallfahrten: 1.–3. Mai „Kleine" Wallfahrt,
15. Aug. „Große" Wallfahrt zur Madonna del Monte (Marciana Alta).
8.–15. Sept. Wallfahrten zur Madonna di Monserrato (Porto Azzurro)
Mai–September: *Marciana Alta* nutzt die Pisaner Festung für Konzerte und Open-air-Veranstaltungen, *Portoferraio* die alte Medici-Festung beim Linguella-Turm.
Juli–August: Irgend etwas ist immer irgendwo los auf der Insel, seien es Konzerte, Tanzabende, Theater, Filmvorführungen etc. Am besten die Plakatanschläge lesen!

Fischsuppe zum Elba bianco

Die Insel ist eine kulinarische Fundgrube

Wie man es von einer Insel erwarten darf, so ist es auch: *Pesce* – Fisch dominiert die Küche. Aber nicht jeder Fisch, der auf Elba – besonders im Hochsommer – auf den Grill oder in den Ofen kommt, wurde tatsächlich in den Gewässern um die Insel gefangen. *Surgelato* oder *congelato* bedeutet tiefgefroren und wird auf den Speisekarten oft mit *surg.* bzw. *con.* abgekürzt angegeben. *Fritture di paranza* stammen hingegen fast immer aus dem Fang der vergangenen Nacht. *Paranza* nennt man kleine Fischerboote für den Küstenfang. *Sarde, Sardine, Acciughe* (je nach Größe der Sardinen) oder *Alici* (Sardellen) gehören zu diesem Angebot, die meistens fritiert, als *Frittura di paranza* oder *di barca* (*barca* = Boot) serviert werden. Bei einer *Frittura mista* kommen noch kleine Tintenfische, Krebse oder Krabben hinzu.

Täglich frischen Fisch gibt es in Porto Azzurro

Je nach Fangergebnis findet man in den Restaurants: *branzino* (Seebarsch), *cernia* (Wrackbarsch), *sgombro* (Makrele), *sogliola* (Seezunge), *palombo* (Glatthai), *merluzzo* (Kabeljau), *spigola* (Barsch), *triglia* (Barbe), *muggine* oder *cefalo* (Meeräsche) – gegrillt (*alla griglia*), gekocht *(lesso)* oder aus dem Ofen (*al forno*) munden sie allesamt köstlich. Raffinierte Soßen wird man allerdings vergeblich suchen.

Wie die toskanische Küche allgemein ist auch die Küche Elbas einfach. Der Geschmack von Fisch (und Fleisch) wird in erster Linie mit den vielen frischen Kräutern verfeinert, die man überall in der Macchia oder den Blumentöpfen vor den Häusern sieht: Ros-

Oggi Cacciucco

Heute *Cacciucco*: viele Restaurants bieten Elbas feinstes Gericht nicht jeden Tag an, dafür aber dann mit viel Liebe zubereitet – man sollte es sich nicht entgehen lassen. Der Name des Gerichts stammt aus Livorno, die Fischsuppe selbst aus Tintenfischen, kleineren und größeren Meeresfischen in großen Stücken, manchmal auch Muscheln. Gekocht wird alles gemeinsam mit viel Öl, Weißwein, Knoblauch und Tomaten, abgeschmeckt mit frischen Kräutern und serviert auf geröstetem, mit Knoblauch eingeriebenem Weißbrot. Dazu trinkt man am besten einen *Elba bianco*.

marin, Thymian, Fenchel, Salbei, Berg-minze, Lorbeer, Majoran, Oregano. Ein bißchen Tomatensoße wie bei den *triglie alla Livornese* oder ein paar Zwiebeln wie bei der *cernia al forno* können hinzukommen. Thunfisch *(tonno)* und Schwertfisch *(pesce spada)* schmecken als „Steaks" mit ein paar Kräutern zubereitet am besten. Stockfisch *(baccalà)* wird wie in Livorno mit Kartoffeln und Tomaten in den Ofen geschoben.

Die beste Wahlmöglichkeit hat man übrigens – auch ohne Italienischkenntnisse –, wenn man sich die vorhandenen Fische zeigen läßt, und mit einem „questo" (den da) seine Entscheidung trifft.

Schalentiere wie *gamberetti* (Garnelen), *gamberi* (Krebse), *granchi* (Krabben), *scampi* (Kaiserhummer), *astice* (Hum-mer) oder *aragoste* (Langusten) bilden gegrillt, fritiert oder gebraten nicht nur hervorragende Hauptgerichte, sondern schmecken auch exzellent in Soßenform zu den verschiedenen Nudelgerichten *(pasta)*. Miesmuscheln *(cozze)* ißt man entweder *pepate* (gepfeffert) oder in Weißwein *(vino bianco), vongole* (Venusmuscheln) meistens zu Spaghetti. *Polpi* (Kraken) tauchen sowohl in der Soße zu Nudeln, aber auch als Hauptgericht *in umido* (in Tomatensoße) auf. *Seppie, totani* (Tintenfische) werden in Ringe geschnitten als *Calamari* fritiert oder *alla diavola* (nach Teufelsart) in Weißwein mit scharfem Paprika gebraten.

Daß Elba zur Toskana gehört, merkt man an den warmen Vorspeisen *(primi piatti)*. Nudelgerichte – außer mit

---

Weinbau – klein, aber fein!

Keine Lust mehr zur mühseligen Arbeit in den steilen Terrassen der Weinberge haben viele junge Elbaner. Die Anbaufläche ging von 1982 bis 1990 um 160 ha zurück und liegt heute etwa bei 400 ha. Davon entfallen 265 ha auf Tafelweine, die zumeist nur für den Eigenbedarf gekeltert werden. Dagegen gab es unter Napoleon noch 32 Millionen Weinstöcke, und bereits der römische Schriftsteller Plinius sprach von Elba als *Insula vini ferax* – einer fruchtbaren Weininsel! Trotzdem: Die wenigen Winzer, die sich noch auf den Weinanbau konzentrieren (meistens im flacheren Mittelelba), produzieren dafür um so bessere Tropfen. 135 ha liefern exzellente Qualitätsweine.

Auffällig knapp über dem Boden schlängeln sich die Weinreben. Die Winzer halten sie mit Absicht wegen der ständigen Winde extrem niedrig. Der Qualität kommt dies ebenso zugute wie der mineralienreiche Boden, der allen Weinen einen würzigen Geschmack verleiht. 1967 erhielten der

Elba bianco (Weißwein) und der *Elba rosso* (Rotwein) das Qualitätszeichen D. O. C. *(denominazione di origine controllata).* Der *Elba bianco* ist ein trockener strohgelber Weißwein mit einem harmonischen Bouquet und leicht bitterem Nachgeschmack, der hervorragend zu Fischgerichten paßt. Gekeltert wird er aus der auch in der Toskana verwendeten Trebbiano-Traube, die auf Elba *Procanico* heißt, unter Hinzufügung der Speisetraube Biancone di Portoferraio. *Elba rosso,* ebenfalls ein trockener, leicht herber Wein, von rubinroter intensiver Farbe und runder Konsistenz wird aus der Sangiovese-Traube gewonnen, die auf Elba den Namen *Sangioveto* trägt.

Die Spezialität Elbas, die immer mehr zur Rarität wird, ist der *Aleatico,* ein feiner Dessertwein. Die sehr aromatische Aleatico-Traube scheint alle Düfte Elbas selbst einzufangen. Fast schmeckt man Kirschen oder Pflaumen, am Ende bleibt ein Hauch des Aromas trockener Früchte im Mund zurück ...

Fischsoßen – zählen nicht unbedingt zu den Lieblingsspeisen der Elbaner.

Gemüsesuppen *(zuppa toscana, ribollita)* dagegen schon eher. *Gnocchi* (kleine Klößchen aus Kartoffel- oder Weizenmehl) und vor allem Reisgerichte wie Reis mit Meeresfrüchten *(risotto alla marinara)* schmecken ebenfalls ausgezeichnet. Eine Gaumenfreude ist – trotz seiner etwas abstoßenden Farbe – der *riso nero* (Schwarzer Reis). Die Tinte der Tintenfische ist der Clou an der Sache.

Wie auf dem Festland – „toskanische" Landschaft auf Elba

Und was machen Leute, die keinen Fisch mögen? – Sie lassen die *Antipasti di mare* (aus dem Meer) links liegen und halten sich an *Antipasti di terra* (Salami, Schinken, in Öl Eingelegtes), an *Crostini* (geröstete Brotscheiben mit Leberpastete oder Pilzen), essen einen typisch elbanischen Gemüseeintopf aus Auberginen, Zucchini, Paprika, Tomaten und Gewürzen *(gurguglione)*. *Fettine* (Kalbsschnitzel) oder *Bistecche* (Steaks) findet man überall, typischer sind da schon die Wildschweine *(cinghiali)*, die in Elba schon fast zur Plage geworden sind. Darum ist es nur gut, wenn sie als Würste *(salsicce)*, Schinken *(prosciutto)* oder *in umido* (als Eintopf) zusammen mit den Pilzen *(funghi,* besonders gut die *porcini,* Steinpilze) den „Wald" in Elbas Küche vertreten.

Für Selbstversorger – Obstladen in Porto Azzurro

Die einzig eigenständige Elbaner Spezialität gibt's zum Nachtisch: *Schiaccia briacca.* Ursprünglich ein Weihnachtskuchen, wird der Teig deshalb mit Nüssen, Pinienkernen, Rosinen und Orangenschalen verfeinert – und mit Aleatico-Wein, daher die rötliche Farbe. Der Name *briacca* kommt von *ubriacca* – betrunken. Betrunken wird man aber höchstens, wenn man dem Beispiel der Italiener folgt und den Kuchen in zuviel *Aleatico* eintunkt. Ein Schluck *Napoleon*-Wasser danach kann da nicht schaden, das auf der ganzen Insel angeboten wird *(gasata* – mit Kohlensäure, *naturale* – ohne).

Frische Backwaren bekommt man im Panificio

Urlaub aktiv

Baden

kann man überall hervorragend und bedenkenlos auf der Insel! 1995 erhielten fast alle Strände vom ADAC das Kennzeichen „sehr gut", nur Capoliveri bekam ein „gut". Man braucht also nur zu wählen: kleine Kieselbuchten oder Granitplatten in Westelba, weiße Sandstrände in Mittelelba oder glitzernde, mineralienreiche Strände in Ostelba. An einsamen Buchten, vor allem im Westteil der Insel finden sich auch FKK-Strände.

Fischen

im Meer und unter Wasser, für das die Küsten Elbas besonders gut geeignet sind, ist ohne Genehmigung gestattet. Für Gerätetaucher gilt ein Jagdverbot, mit Schnorchel darf man max. 5 kg harpunieren.

Eine Idylle für Angler ist der kleine See *I Poppi,* unterhalb von Capoliveri an der Straße nach Naregno. Hier fängt man Süßwasserfische wie Karpfen, für Erfrischungen und Panini ist gesorgt, ☎ 96 86 58.

Segelschulen (deutschsprachig)

Segelclub Elba, Ortsteil Magazzini 12, 57037 Portoferraio, ☎ 93 32 88, 📠 93 32 14, Anmeldung in Dld.: Postfach 30 03 27, 51413 Bergisch-Gladbach, ☎ 📠 0 22 04/6 87 03.
Segelzentrum Elba, Ortsteil Bagnaia, 57037 Portoferraio, ☎ 96 10 90, 📠 96 11 84, Anmeldung in Dtl.: Sürther Hauptstr. 211, 50999 Köln, ☎ 02 21/6 55 05, 📠 6 85 16.
Yachtschule Elba, Ortsteil Le Grotte, 57037 Portoferraio, ☎ 93 33 29, 📠 93 31 78. Bei allen Schulen kann man DSV-Scheine erwerben.

Surfschulen (deutschsprachige)
Praktisch an allen größeren Stränden.

Elba Surf, Via del Mare, Procchio, ☎ 90 78 33, und am Strand von Lacona.

Tauchschulen
gibt es u. a. deutschsprachig in 57034 Marina di Campo: **Sub Gsell Peter,** Ortsteil Filetto, ☎ 97 64 24.
btb (Bernds Tauchbase), Ortsteil Madonna delle Grazie, 57031 Capoliveri, ☎ 93 91 24.
Subex, Strand von Barbarossa, 57036 Porto Azzurro, ☎ 9 56 28. Sowie in Lacona, am Enfola-Strand und in Marciana Marina

Wasserski fahren kann man bei **Sea Club Paola,** Ortsteil Campo all'Aia, 57030 Procchio, ☎ 90 74 88, sowie am Strand von Lacona.

Motorbootvermietung:
c/o **Albergo Frank's,** Ortsteil Naregno, 57031 Capoliveri, ☎ 96 84 27.
Mandel 2, Ortsteil Morcone, 57031 Capoliveri.
Bagni Lacona, Strand v. Lacona, 57031 Capoliveri, ☎ 96 41 75.

Tretboote, Kajaks und Surfbretter
Verleih praktisch an allen größeren Stränden.

Bootsausflüge

Mit der **Sapore di Sale,** Buchung c/o Agenzia Tesi, Calata Italia, 57037 Portoferraio, ☎ 93 02 22; mit der **Dollaro II,** Piazza Matteotti, 57036 Porto Azzurro, ☎ 9 53 51; mit der **Patrizia II** kann man die ganze Insel umrunden, ☎ 03 37–71 84 94.

Golf

spielen kann man auf dem 9-Loch-Platz in Acquabona sowie auf den 6-Loch-Plätzen der Hotels Hermitage und Biodola in Biodola.

Fahrradverleih

TWN – Two Wheels Network, Viale Elba 32, 57037 Portoferraio (links neben Hochhaus), ☎ 91 46 66, vom normalen Fahrrad bis zum 18-Gang-Mountainbike wird alles geboten; gute Serviceleistungen, u. a. Möglichkeit der Abgabe an 10 Punkten auf der Insel, Anlieferung direkt vors Apartment oder auf den Campingplatz, Pannenservice etc. (auch Verleih von Kajaks u. Motorrollern); 20 % Rabatt für Bahnfahrer oder Mitglieder des Jugendherbergsverband. Siehe auch Rent Ghiaie (bei Motorroller).

Motorroller und –räder

Rent Ghiaie, am Strand Le Ghiaie, Via Cairoli 26 (Portoferraio), ☎ 91 46 66, auch Fahrradverleih, Stützpunkte auch in Lacona, Marciana Marina, Porto Azzurro und Marina di Campo; siehe auch TWN bei Fahrradverleih.

Reiten

kann man u. a. auf der **Ranch Antonio,** Ortsteil Monte Orello, 57037 Portoferraio, ☎ 93 31 32. **Fattoria Rossi Paolo,** Ortsteil Buraccio, 57037 Portoferraio, ☎ 94 02 45 (hinter dem Golfplatz Acquabona links abbiegen); **Fattoria le Ripalte,** Ortsteil Costa dei Gabbiani, 57031 Capoliveri, ☎ 96 86 94; **Maneggio Ombromanto,** Ortsteil Il Gobbo, 57033 Marciana Marina; **Fattoria Reale,** Ortsteil Reale, 57036 Porto Azzurro, ☎ 95 77 53.

Wandern

Trekking, wie die Italiener es so schön nennen, kann man überall auf Elba hervorragend. Die Insel erschließen gut gekennzeichnete Wanderwege des italienischen Alpenvereins CAI. Beim Fremdenverkehrsamt erhält man die Broschüre „Trekking auf Elba". **Il genio del bosco – Viaggi nella natura,** Via Roma 12, ☎ 93 08 37, ☎ 91 53 49, organisiert Wanderungen und Urlaub in der Natur.

Thermalkuren

Die Thermen von San Giovanni bieten umfangreiche Anwendungen (Algenpackungen, Schlammbäder, Inhalationen), die bei Rheumaerkrankungen, Problemen bei Knochenbrüchen, Gicht, Atemwegs- und Hauterkrankungen helfen, ☎ 91 46 80, ○ April bis Okt., 8.30–12.30, 16–19.30 Uhr.

In der Hochsaison wird's voll

Mit dem Leihmofa in Poggio

Markierung des Höhenwanderwegs Mad. del Monte–Chiessi

Reisewege

Anreise

Mit der Bahn: Die Züge fahren direkt bis zum Fährhafen, Bahnhof *Piombino Marittima.* Entweder über Mailand und Genua bis nach Campiglia Marittima, dort umsteigen nach Piombino Marittima; oder über Florenz, wo während des Sommerfahrplans direkte Züge über Pisa nach Piombino Marittima verkehren.

Mit dem Auto: Anfahrt über Chiasso, Mailand, Genua auf der Autobahn bis Rosignano Marittima (südl. von Livorno), oder über Brenner, Verona, Bologna, Florenz, Pisa ebenfalls bis Rosignano Marittima; von dort auf der neuen Schnellstraße weiter bis zur Ausfahrt *Venturina,* und nach Piombino.

Autobahngebühren: Bei der Benutzung der Autobahnen in Italien empfiehlt sich der Kauf einer Viacard, die unnötiges Warten an den Mautstellen vermeiden oder zumindest verkürzen hilft: Die Schlangen vor den Viacard-Zahlstellen sind meist sehr viel kürzer als bei den Bargeld-Zahlstellen. In Deutschland ist die Viacard beim ADAC zum Preis von 48 DM oder 86 DM erhältlich.

Autofahrer: Der nationale Führerschein genügt; die grüne Versicherungskarte wird empfohlen: Pannenhilfe ist für Mitglieder von Automobilklubs kostenlos. Fast alle Straßen Elbas sind mittlerweile asphaltiert.

Verleih: Auf Elba kann man vom Auto, Motor- und Fahrrad bis hin zu Surfbrett, Kajak, Tret-, Motor- und Segelboot, Tauchausrüstung leihen (siehe bei den Routen). – Autoverleih AVIS, am Flughafen in La Pila, ☎ 🖷 97 71 50, vermietet auch Klein- und Reisebusse.

Überfahrt mit der Fähre: Von Piombino aus fahren stündlich (im Sommer auch öfter) drei Fährgesellschaften in ca. 1 Stunde zur Insel nach Portoferraio, Porto Azzurro, Rio Marina und Cavo. Es verkehren auch Tragflügelboote für Passagiere, die die Überfahrt erheblich verkürzen. Der „Elba Express" der Gesellschaft Elba Ferries schafft es mit Autos in 30 Minuten. Im Sommer sollte man rechtzeitig vorher buchen. Es existieren Sonderangebote der Fährgesellschaften für 1 Auto + 2 Personen für bestimmte Abfahrtszeiten.

Toremar, 57025 Piombino, Piazzale Premuda, ☎ (05 65) 3 11 00. Fährt mittwochs auch von Livorno aus nach Portoferraio, Fahrzeit 4 Stunden, donnerstags Portoferraio–Livorno.

Navarma und **Moby Lines:** 57025 Piombino, Piazzale Premuda, ☎ (05 65) 22 12 12.

Elba Ferries, 57025 Piombino, ☎ (05 75) 22 09 56, 🖷 22 09 96.

Mit dem Flugzeug: Auf Elba gibt es einen kleinen Flugplatz bei La Pila (Marina di Campo) und seit 1995 auch eine eigene Fluggesellschaft **Airblu,** ☎ 97 80 80, 🖷 97 74 54. Direktflüge finden im Sommer von München, Altenrhein, Zürich, Bern, Wien und Mailand statt.

Auf Elba

Ein gutes Busnetz überzieht die ganze Insel; die ATL-Zentrale, wo man auch die Fahrpläne erhält, liegt links direkt an der Piazza beim Hochhaus in Portoferraio.

Die *Elba Card,* ein Sonderangebot der Busgesellschaft ATL (Azienda Trasporti Livorno), bietet für 7500 Lire freie Fahrt auf allen Linien für 1 Tag, für 26 000 Lire für 6 Tage.
Inzwischen sind fast alle Straßen der Insel asphaltiert. Trotzdem sind viele Ferienhäuser, die mitten in der wunderschönen Landschaft liegen oder abgelegene Strände nur über Feldwege zu erreichen.

Unterkunft

Je nach Wunsch und Geldbeutel findet auf Elba jeder eine Bleibe. Im Juli und August empfiehlt es sich rechtzeitig zu reservieren. Die Preise sind übrigens in diesen Monaten oft doppelt (!) so hoch wie im Frühjahr oder Herbst. Wer kann, sollte seinen Urlaub in die Vor- oder Nachsaison legen. Im Winter schließen die meisten Hotels, aber in jedem Ort gibt es zumindest ein Haus, das ganzjährig geöffnet hat.

Drei Fährgesellschaften verbinden Elba mit dem Festland

Hotels und Apartments

vermitteln die Reisebüros auf Elba, die die Funktion eines Fremdenverkehrsamtes mit übernehmen. Sie kennen die einzelnen Vermieter und können so gezielt auf Wünsche eingehen. Günstige Angebote für Familien bieten vor allem **Villaggi Turistici** oder größere Apartmentanlagen **(Residence).** Ein Gesamtverzeichnis der Hotels erhält man bei: **Associazione Albergatori Isola d'Elba,** Calata Italia 20/21, 57037 Portoferraio, ☎ 91 55 55, 🖷 91 78 65.

Im Ape Elbana in Portoferraio wohnten schon Napoleons Gäste

Campingplätze

gibt es auf der Insel knapp 30. Einzig der Platz **La Foce,** Ortsteil La Foce, 57034 Marina di Campo, ☎ 97 64 56, 🖷 97 73 85, ist ganzjährig geöffnet, die anderen meistens nur von April bis Oktober. Verzeichnisse erhält man beim Fremdenverkehrsamt APT oder bei der **Federazione Italiana del Campeggio,** Via Vitt. Emanuele II, 50041 Calenzano, ☎ (0 55) 88 23 91.

Agriturismo

Adressen für Ferien auf dem Bauernhof erhält man beim Fremdenverkehrsamt **Azienda di Promozione Turistica dell' Archipelago Toscano** (APT), 57037 Portoferraio, Calata Italia 26, ☎ 91 46 71, 🖷 91 63 50, sowie bei den Reisebüros.

Ruhig und angenehm läßt es sich vor allem in den Bergdörfern an

* Portoferraio

Die einzige Stadt der Insel

Wer mit der Fähre in den Hafen ein-
läuft, wird gleich auf Urlaub einge-
stimmt. Eine der schönsten Ansichten
eröffnet sich, sobald man die Bucht
von Portoferraio (11 042 Einw.) erreicht, auf den Forte Stella mit dem
Leuchtturm, der Blick gleitet entlang
der Befestigungsmauern bis zum Linguella-Turm. Biegt die Fähre dann
in das neue große Hafenbecken mit
seinem häßlichen Hochhaus ein, läßt
man sich lieber von dem geschlossenen Ensemble der Altstadt, den
Fischerbooten und Yachten rechts im
malerischen alten Hafenrund ver-
zaubern. Die zweite Festung Portoferraios, das noch wuchtigere Forte
Falcone, bewacht auch heute
noch eindrucksvoll den Zugang zur
Neustadt.

Geschichte

Schon bei der Einfahrt in die Bucht
sieht man, daß die Stadt einen natür-
lichen, gutgeschützten Hafen besitzt.
Diese Lage nutzte man schon in der
Antike.

Etrusker verschifften von *Argoos*, wie
der griechische Name der Stadt lautete,
ihr Eisenerz hinüber nach Populonia, in
den Golf von Baratti. Zur Zeit der Römer legten in *Fabricia*, wie sie den Ort
nannten, die Versorgungsschiffe mit
Luxusgütern für die prächtigen Villen
an.

Unter den Pisanern und den Appiani
zog man sich von den Küstenorten lie-
ber ins vor Piraten besser geschützte
Landesinnere zurück. Erst im 16. Jh.
begann mit dem Medici Cosimo I. der
Aufstieg *Ferraias*, wie Portoferraio im
Mittelalter hieß. Der Großherzog der
Toskana luchste die Stadt und zwei

Meilen Umland Kaiser Karl V. mit der –
stimmigen – Begründung ab, die Appiani seien nicht in der Lage, Elba vor
den türkischen Korsaren zu schützen.
Um zu beweisen, um wieviel besser er
das doch konnte, ließ er ab dem
31. Mai 1548 die beiden Festungen
Forte Stella und Forte Falcone errichten – Meisterwerke der Militärarchitektur ihrer Zeit, die bereits im Februar
1552 abgeschlossen waren. Die türkischen Korsaren, die 1553 Portoferraio
plündern wollten, waren so beein-
druckt, daß sie gleich wieder abzogen.

Cosimo plante, Elba als Stützpunkt seines zur Piratenabwehr gegründeten
Ritterordens des hl. Stefan auszubauen.
Sein Name *Cosimo* und das griechische
Kosmos (Ordnung, Vernunft) standen
Pate für die vom Herzog vorgenomme-
ne Neubenennung Ferraias in *Cosmopoli
(polis* – griech. *Stadt)*. Doch weder der
Name noch der Plan Cosimos setzten
sich durch. Soviel Macht wollten die
Spanier dem Medici nun doch nicht
zugestehen und gaben daher Elba 1557
den Appiani zurück.

Die Stadt Portoferraio verblieb jedoch
mit ihren zwei Meilen Umland beim
Großherzogtum und erhielt unter dem
ersten Lothringer der Toskana 1737
ihren heutigen Namen. 1802 wurde sie
unter französischer Oberhoheit wieder
mit dem Rest der Insel vereint.

Als Napoleon 1814 nach Elba verbannt
wurde, fiel auf Portoferraio für einige
Monate der Glanz der Weltgeschichte.
In seiner kurzen Exilzeit veränderte der
Franzose das Stadtbild zwar kaum,
hinterließ aber seine Spuren mit der
Villa dei Mulini und dem *Teatro dei
Vigilanti*. Als bedeutend für Portofer-
raio erwies sich der von ihm eingelei-
tete Aufschwung. Straßenbau, Wein-
kultur und Eisenerzabbau belebten die
Wirtschaft der Stadt.

Die große Zeit Portoferraios kam mit
dem Bau der ersten *Hochöfen* Ende des
19. Jhs. Arbeitsplätze und Wohlstand
führten Anfang unseres Jahrhunderts
zur höchsten Einwohnerzahl der Insel

(1861: 19 400 bis 1911: 30 000 Einw.). Die Zerstörung der Hochöfen von 1944 traf die Stadt daher schwer – legte aber gleichzeitig den Grundstein für die Entwicklung Elbas zur Ferieninsel. Wie wenig einladend Portoferraio mit seinen Hochöfen ausgesehen hat, kann jeder Besucher, der mit der Fähre kommt, noch bei der Abfahrt in Piombino nachvollziehen.

Heute lebt Portoferraio von den im Hafen ankommenden Besuchern der Insel. Portoferraios Charme spiegelt sich in seinem weitgehend intakten Alltagsleben einer italienischen Kleinstadt, die sich den Charakter einer reizvollen kleinen Verwaltungshauptstadt bewahrt hat.

Ein Fährschiff verläßt den Hafen von Portoferraio

Sehenswürdigkeiten

Wer mit der Fähre ankommt, legt im neuen Hafenbecken vor dem *Hochhaus* an, sozusagen im *Info-Center* von Elba. Im Hochhaus befindet sich im 1. Stock das einzige Fremdenverkehrsbüro der Insel, die „Azienda di Promozione Turistica dell'Arcipelago Toscano", links an dem Platz befindet sich der Busbahnhof mit Auskunftsbüro und rechts vom Hochhaus zwischen den Cafés die Zentrale des Hotelverbandes. Sämtliche Fährgesellschaften sind hier ebenfalls vertreten.

Sicher vor Anker liegen die Schiffe in der Darsena

Hat man alle gewünschten Infos gesammelt und möchte einen ersten Cappuccino zu sich nehmen, sollte man ihn nicht unbedingt hier trinken: die meisten Bars an der Mole verlangen für den Verzehr im Sitzen oft bis zu 50 % mehr als andere Lokale.

Lieber sollte man zum alten Hafenbekken, der *Darsena* ❶ weiterspazieren. Das Auto stellt man am besten auf dem großen Parkplatz vor der Darsena ab, da man in der Altstadt, wenn überhaupt, nur gegen Bezahlung für zwei Stunden einen Stellplatz auf der Piazza della Repubblica finden wird.

Als ob sich ein Theaterregisseur die Kulisse ausgedacht hätte – so spektakulär

Faszination Hafen – Angler an der Hafenpier

legt sich Portoferraio um das Hafenbecken. Der *Gallo-Turm* und der genau gegenüberliegende *Linguella-Turm* schließen das Halbrund ab. Boutiquen und Cafés laden zum Verweilen ein, Yachten und Fischerboote ziehen die Blicke der Spaziergänger an.

Exakt im Zenit der Darsena betritt man die Altstadt durch die **Porta a Mare** ❷. Das 1548 zusammen mit den Festungsbauten angelegte Tor war einst der einzige Zugang in die ganz von mächtigen Mauern umgebene Stadt.

Durch den kleinen Vorbau von 1647 taucht man ein in die **Piazza Cavour** ❸. Das Meer scheint schon weit weg zu sein, italienischer Alltag wartet mit Bars, Banken und Bambini. Alle Gassen der Altstadt führen von hier aus aufwärts, in kleinen Treppchen, Blumentöpfe lockern die Fassaden auf.

Das eher unauffällige **Rathaus** ❹ überrascht mit einem schönen Innenhof, in dem alles nur irgendwie Erinnernswerte in Marmor an die Wände gehängt wurde. So erfährt man zum Beispiel, daß Victor Hugo als Kind hier spielte, da sein Vater französischer Gouverneur der Insel war, nachdem Frankreich 1802 Elba in Besitz genommen hatte. Wer sich noch mehr für Elbas Geschichte und Kuriositäten interessiert, findet in den 27 000 Bänden der *Foresi-Bibliothek* im Innern des Gebäudes eine reichhaltige Auswahl.

Vor dem Rathaus öffnet sich einer der schönsten Plätze der Stadt, die **Piazza della Repubblica** ❺, die heute leider als Parkplatz mißbraucht wird. Die Bars und Restaurants an der platanengesäumten Piazza können nur mit Mühe ein wenig Atmosphäre schaffen. Die 1000 Mann der Privatarmee Napoleons dürften den Ort ebenfalls nicht sehr geliebt haben, denn auf der einstigen *Piazza d'Armi* (Waffenplatz) mußten sie exerzieren. Die illustren Besucher des Kaisers im Exil konnten von ihren Fenstern im **Hotel Ape Elbana** ❻ dabei

Die Foresi – Elbas Sammlerfamilie

Manche behaupten, ohne die Familie Foresi gäbe es auf Elba nichts zu sehen. Ganz so tragisch wäre es nicht, aber die Familie hinterließ der Insel die einzige Gemäldesammlung, wichtige Stücke des Archäologischen Museums sowie die Drucke und Stiche der Villa San Martino. Mario Foresi (1849–1932), Literat und Kunstsammler, vermachte 1914 der Stadt Portoferraio die umfangreiche Kollektion seiner Vorfahren. Gemälde, Drucke, Zeichnungen, Möbel, archäologische Exponate wurden so 1924 erstmals der Öffentlichkeit zugänglich. Im 19. Jh. legten Raffaello und Alessandro Foresi, Vater und Onkel Marios, den Grundstock der Sammlung.

Das kulturelle Klima ihrer Wahlheimat Florenz mit seinen unzähligen italienischen und englischen Kunsthändlern und -kollektionisten, die der Arnometropole ihre Schätze hinterließen, beeinflußte auch die beiden Elbaner. In der Pinacoteca Foresiana kann man die Porträts von Großvater Iacopo, den Söhnen Alessandro und Raffaello, sowie dem Enkel Mario mit seiner Tochter Maria Alessandrina bewundern. Vor allem der Vater Marios, Raffaello (1820–1877) gehörte auch zu den ersten, die sich um Elbas archäologische Überreste bemühten. Er brachte die Forschungen und Ausgrabungen in Gang, deren Ergebnisse man in den Archäologischen Museen von Portoferraio und Marciana Alta besichtigen kann. Ein weiterer Foresi, Marcello, sammelte im 19. Jh. Mineralien, die heute mit über 1000 Exponaten im Museo Mineralogico von Florenz Elbas Reichtum dokumentieren.

P. S.: Übrigens, auch das Weingut *La Chiusa* ist seit Napoleons Zeiten in Foresi-Besitz.

zusehen. Im ältesten Gasthof der Insel kann man auch heute noch angenehm wohnen und auf der Terrasse den Tag ausklingen lassen.

Und natürlich war Napoleon auch in der **Pfarrkirche** ❼ aus dem 16. Jh., sozusagen dem Dom der Insel, wo er am Tag nach seiner Ankunft am 4. Mai 1814 einer Begrüßungsmesse beiwohnte. Vielleicht gefiel ihm sogar die seltsam orangene Fassade, die im Anklang an Florentiner Renaissancekirchen im 18. Jh. dem Gebäude vorgesetzt wurde. Das dreischiffige Innere prunkt nicht gerade, aber der bemalte Dachstuhl und die Glasfenster verdienen doch einen aufmerksamen Blick.

Spaziert man vor der Pfarrkirche wieder Richtung Meer, trifft man auf kleine Gäßchen mit italienischem Flair, die Wäsche hängt vor den Fenstern, und die Hausfrauen strömen zur Markthalle **Le Galeazze** ❽. Das ehemalige Marinearsenal diente zur Aufbewahrung der Galeeren des Großherzogtums, heute sucht man sich unter den hohen Gewölben sein Abendessen aus: frische Fische für den Grill oder doch lieber Gemüse? Oder etwas gegen den kleinen Hunger. Eine typische toskanische Spezialität wird in dem kleinen Eckladen der Markthallen angeboten, die *Trippa alla fiorentina.* Kutteln sind vielleicht nicht jedermanns Sache, aber frisches Obst für Zwischendurch gibt's hier natürlich auch. In den Markthallen zeigt sich Portoferraio als das, was es ist: ein liebenswertes Provinzstädtchen.

Einen kleinen Imbiß vor dem Aufstieg die Treppen hinauf bekommt man auch auf der Piazza della Repubblica (Nr. 29) in der *Non solo Bar,* wie der Name schon sagt, ist sie *nicht nur Bar.*

Gleich in der Nähe des Rathauses liegt die am reichsten ausgeschmückte Kirche Elbas, die **Chiesa del Sacramento** ❾. Die Renovierung nach den Zerstörungen des Zweiten Weltkriegs wurden der 1551 von Cosimo I. erbauten Spätrenaissancekirche zwar nicht so ganz gerecht, besuchenswert bleibt sie aber

Durch die Porta a Mare schimmert das Hafenbecken

Die Piazza della Repubblica – der zentrale Platz der Stadt war zur Zeit Napoleons Exerzierplatz

Auch Napoleon gehörte zu den Besuchern der Pfarrkirche

trotzdem. Im einschiffigen Innern sieht man die Fahne der weißen Bruderschaft, die hier ihren Sitz hat. Seit Jahrhunderten widmet sie sich wie ihr Pendant, die schwarze Bruderschaft, wohltätigen Aufgaben.

Vom Kloster zur Kaserne und zum Kulturzentrum: so kann man den Werdegang des ehemaligen *Franziskanerkonvents* ⑩ aus dem 16. Jh. beschreiben. Im 18. Jh. nutzte die Armee den Konvent, in der sich heute ein Kongreßzentrum und die *Pinacoteca Foresiana* befinden. Ein Offizier aus der Garde Napoleons, der *Comte de Laugier,* gab dem Gebäude seinen Namen. Der große Platz vor dem Konvent ist nicht etwa eine banale Aussichtsterrasse, sondern das Dach der ehemaligen Zisterne. In den Gewölben darunter werden heute Tanzabende veranstaltet. Die aufwendigen, 1991 begonnenen Restaurierungsarbeiten lassen bereits wieder die einstige Harmonie der Klosteranlage erkennen.

Die *Pinacoteca Foresiana,* die einzige Gemäldegalerie Elbas, zeichnet sich vor allem durch eine sehr sehenswerte Sammlung der Malerei des 19. Jhs. aus. Die großen Themen wie Porträt-Malerei, die Orient-Faszination, die Bewunderung der Renaissancemaler und ihrer Werke können in der Galerie nachvollzogen werden – Renaissanceoriginal und Kopie des 19. Jhs. hängen direkt nebeneinander. Eine reiche Auswahl an Städten und Landschaften Elbas aus dem Blickwinkel vergangener Zeiten vermitteln ein ganz anderes Bild der Insel, als man es heute vor Augen hat. Besonders eindrucksvoll ist die Ansicht Portoferraios mit seinen Hochöfen von Savini (Saal 1). Kurioses zeigt das Bild von Antonio Cioci „Inganni" (Täuschungen), eine Darstellung von Fälscherutensilien (Saal 6). Da die Restaurierung des Komplexes noch nicht abgeschlossen ist, warten noch 300 Gemälde im Depot auf Wiederentdeckung. Im Erdgeschoß finden Wechselausstellungen statt. ◷ So u. Fei zu, Ende Juni bis Mitte Sept. 9.30–12.30,

18–24 Uhr, Frühjahr–Herbst 9.30 bis 12.30, 16 bis 18.30 Uhr, im Winter nur vormittags.

Wie das Franziskanerkloster erlebte auch die gegenüberliegende **Chiesa della Misericordia** ⑪ profanere Zeiten. Ein Herrscher ohne sein Theater? Ein wenig Unterhaltung wollte selbst Napoleon, daher ließ er die Kirche in ein öffentliches Theater verwandeln, bis er mit dem Teatro dei Vigilanti über ein standesgemäßes Haus verfügen konnte. Durch die trotz Restaurierung eher unscheinbare Fassade betritt man den – für Elba – beeindruckenden Innen-

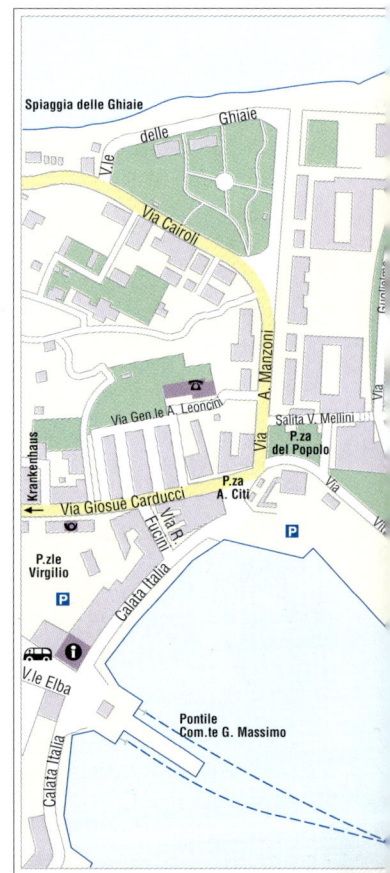

❶ Darsena
❷ Porta a Mare
❸ Piazza Cavour
❹ Rathaus
❺ Piazza della Repubblica
❻ Hotel Ape Elbana
❼ Pfarrkirche
❽ Le Galeazze
❾ Chiesa del Sacramento

❿ Franziskanerkonvent
⓫ Chiesa della Misericordia
⓬ Villa dei Mulini
⓭ Forte Stella
⓮ Forte Falcone
⓯ Teatro dei Vigilanti
⓰ Archäologisches Museum
⓱ Linguella-Turm

PORTOFERRAIO

0   300 m

raum. 1661 erhielt die bereits 1566 gegründete wohltätige Bruderschaft *(Misericordia – Barmherzigkeit)* von Papst Alexander VII. die Gebeine des Märtyrers Christinus. Aus diesem Anlaß errichtete die Bruderschaft 1677 dieses kleine Ensemble. Das Scheinarchitekturbild der Decke sowie die prächtigen Goldkandelaber und die Orgelempore mit der handgefertigten Orgel des 18. Jhs sind durchaus bemerkenswert. Unter dem Barockaltar werden die Reliquien von Christinus aufbewahrt, der 1763 zum Schutzpatron von Portoferraio erhoben wurde. Sein Festtag, der 29. April, wird entsprechend gefeiert.

Entweder direkt vom Kirchenraum aus oder über einen Zugang links neben der Chiesa gelangt der Besucher in das *Museo Napoleonico*. Museum ist für dieses Sammelsurium vielleicht ein zu hochtrabendes Wort, aber für *mille Lire* sieht man, in Bronze gegossen, die Hand Napoleons und seine Totenmaske, abgenommen auf seinem Totenbett in Sankt Helena. 1852 schenkte Demidoff (s. S. 38, Villa San Martino) diese Devotionalien der Bruderschaft. Kunstinteressierte finden hier sogar eine kleine Statue *Madonna mit Kind* von *Tino da Camaino* (1285–1337).

Der Treppe folgt man hinauf bis zur * **Villa dei Mulini** ⑫. Nichts wirklich Atemberaubendes bietet das bereits von außen sehr einfach wirkende Haus, das der letzte Medici-Großherzog Gian Gastone 1724 als Gerichts- und Gefängnisgebäude errichten ließ. Den Besuch lohnt aber allein schon die herrliche *Aussicht im hübschen Garten auf die steil ins Meer abfallenden Felsen. Die Ergebnisse der Restaurierungsarbeiten sieht man bereits im ersten Salon *(Galleria),* der auch stilgerecht mit Möbeln aus napoleonischer Zeit eingerichtet ist. Es folgt die *Bibliothek,* in der man die Interessengebiete des Kaisers kennenlernt – von der Medizin über die Botanik bis hin zu Don Quichote. Vielleicht ein Sinnbild seiner eigenen vergeblichen Versuche, die Herrschaft über Europa zu erlangen? Im himmel-

blauen Bett des *Schlafzimmers* könnte Napoleon tatsächlich gelegen haben. Die Ausstattung dieses Raumes besteht noch aus den Original-Möbeln. Vom *Prunksaal* im ersten Stock genießt man auch einen schönen Blick auf Stadt und Meer. In der *Garderobe* im Erdgeschoß sollte man sich die alten Stiche von Portoferraio näher ansehen. Die Mühlen *(mulini),* die einst zwischen den beiden Festungen lagen und der Villa ihren Namen gaben, sieht man noch auf einem Gemälde im *Kammerdienerzimmmer,* ebenso das Geschirr Napoleons. Der *Saal des Kaisers* ist bereits restauriert. Napoleon mag hier bei offener Tür und einer leichten Brise die Atmosphäre des Ortes genossen haben.

Zum Abschluß spaziert man ein wenig durch den Garten, genießt die Aussicht auf das Leuchtturminselchen und die schroff ins Meer abfallenden Felsen. Rechts ragt imposant Forte Stella mit seinem Leuchtturm empor. ☉ Wochentags 9 bis 19 Uhr, im Winter nur bis 16 Uhr, So u. Fei 9–13 Uhr. Die Eintrittskarte gilt am selben Tag auch für die „Villa San Martino". Für Bürger der EU unter 18 und über 60 kostenlos. In der Villa finden Konzerte und Theateraufführungen statt.

Von der Villa aus führen nur wenige Schritte hinauf auf den 48 m hohen Felsen zum * **Forte Stella** ⑬, einem die ganze Bucht beherrschenden *Aussichtspunkt.* Die *Sternenfeste* verdankt ihren Namen dem fünfzackigen, sternenförmigen Grundriß, der nach Plänen des Architekten Camerini errichtet wurde. Dicke Mauern, wuchtige Tore, ein verschlungener Zugang: den Piraten sollte es so schwer wie möglich gemacht werden, die Festung zu erobern. Die Architektur zeigte Wirkung. Portoferraio blieb in Zukunft von türkischen Piraten verschont. In den heutigen Privatwohnungen lebten zu Napoleons Zeiten die kaiserlichen Grenadiere, der von Großherzog Peter Leopold I. (Regierungszeit 1765–1790) errichtete Leuchtturm gehört der italienischen Marine.

Ein Spaziergang entlang der Bastionen gibt immer wieder einen herrlichen Blick auf das Meer, die Altstadt von Portoferraio mit ihren roten Dächern, das Hafenbecken oder den Garten der Villa dei Mulini frei. Nur gedämpft dringt der Lärm der Stadt in diese luftigen Höhen. Fotofreunde kommen hier sicher ebenso auf ihre Kosten wie bei der Besichtigung des gegenüberliegenden **Forte Falcone** ⓮, wo das * *Panorama* fast noch beeindruckender ist. Die eigentliche Festung auf dem mit 79 m höchsten Punkt Portoferraios gehört ebenfalls der italienischen Marine und ist unzugänglich. Die Bastionen und Vorwerke, die nach Plänen von Camerini und Bellucci entstanden, bilden einen teils schattigen, teils blumenübersäten Park, in dem man auch sehr gut ein Mittagspicknick abhalten kann. Für Kinder gibt es eine Rutschbahn. Der Blick reicht über die ganze Bucht, man sieht die Fähren anlegen, die Fischerboote einlaufen, der richtige Platz, um seinen Tagträumen nachzuhängen. ◷ 9–20 Uhr von April–Sept.

Schmale Gassen führen durch die Altstadt von Portoferraio

Unterhalb der Festung trifft man auf Elbas einziges Theater, das **Teatro dei Vigilanti** ⓯. In der ehemaligen Karmeliterkirche aus dem 16. Jh. fand Napoleon ein geeignetes Gebäude (zu seiner Zeit als Lagerhalle genutzt), um etwas für Elbas Unterhaltungsindustrie zu tun. Die Logenplätze waren derart beliebt, daß ihr Verkauf zur Baufinanzierung beitrug. Wer einen ergattern konnte, schätzte sich so glücklich, daß das Theater zunächst *Teatro dei Fortunati* (der Glücklichen) genannt wurde, bevor es seinen heutigen Namen *dei Vigilanti* (der Wachsamen) erhielt. Die 400 Plätze sind seit Jahren ungenutzt, da sich das Theater *in restauro* befindet. Offensichtlich scheint es aber voranzugehen, wie der frische rosa Anstrich hoffen läßt. Über kleine Treppchen geht es wieder zum Hafen.

Blick über die Stadt, im Hintergrund Forte Stella

Am Ende des Hafenrundes wartet vor dem Linguella-Turm das neu eingerichtete * **Archäologische Museum** ⓰ auf Besucher. Didaktisch gut aufge-

Vom Forte Stella schaut man zur Villa dei Mulini

baut, gibt es einen Überblick über Elbas Geschichte vom 8. Jh. v. Chr. bis zum 2. Jh. n. Chr. Übersichtliche Karten zeigen die Handelswege der Griechen, Phönizier und Etrusker, die Höhenfestungen der Etrusker auf der Insel, Eisenherstellung und Weinhandel im Mittelmeerraum. Keramiken, Amphoren und Anker gesunkener Schiffe sieht man ebenso wie römische Mosaike. Der *Altarstein* aus dem 2. Jh. n. Chr. (Kopie im Innenhof des Rathauses), den man in einer Granitgrube bei Secchetto fand, war Herkules geweiht. Gestiftet hat ihn der Präfekt Publius Acilius Attianus, der auch die Villa Le Grotte bewohnt haben soll. Besonders beeindruckend sind verbrannte Getreidekörner aus etruskischen Festungen, die eine gewaltsame römische Eroberung vermuten lassen. Nüsse, Oliven, Fischpaste, Trockenfisch sowie Öl und zwei verschiedene Weinsorten aus noch verschlossenen Amphoren haben nunmehr 2000 Jahre hinter sich! Leider sind alle Beschriftungen in italienisch.

Vom Museum aus erreicht man den **Linguella–Turm ⑰**, auch *Torre del Martello* genannt, aus dem 16. Jh. (Wanderausstellungen). Eine ganz eigene Faszination geht von der noch klar erkennbaren Anlage der *römischen Villa* aus, die halb umspült im Meer liegt. Die *Mosaikreste* (rechts, unterhalb der Mauer) sollte man nicht übersehen. Im Sommer finden hier Freiluftveranstaltungen statt. ◔ So u. Fei zu; Frühjahr bis Herbst 9.30–12.30, 16–19 Uhr, Ende Juni-Anf. Sept. 9.30–12.30, 18–24 Uhr, im Winter kürzer.

Praktische Hinweise

❶ Alle Adressenangaben sind: 57037 Portoferraio.
Fremdenverkehrsamt „Azienda di Promozione Turistica dell'Archipelago Toscano", Calata Italia 26, ☎ 91 46 71, 🖷 91 63 50.
Hotelverband „Associazione Albergatori Isola d'Elba", Calata Italia 20/21, ☎ 91 55 55, 🖷 91 78 65.

🏠 **Ape Elbana,** Salita Cosimo de'Medici 2, ☎ 🖷 91 42 45. ◔ ganzjährig. Man wohnt geschichtsträchtig im ältesten Hotel Elbas, ganz zentral. ⑤

Massimo, Calata Italia 23, ☎ 91 47 66, 🖷 93 01 17. ◔ ganzjährig. An der Anlegestelle, für eilige Touristen. ⑤

🏠 **Osteria Libertaria,** direkt an der Hafenpromenade (Calata Giacomo Matteotti 13), typisch elbanische Küche im kleinen gemütlichen Lokal. ⑤

Castagnaccio, Via Mercato Vecchio (zw. Piazza Cavour u. Piazza Repubblica), ☎ 91 58 45. Rustikal-gemütliches Lokal, in dem es hervorragende Pizzas, Cecina (Kichererbsentorte) und eben Castagnaccio gibt, eine Kastanienmehltorte. ⑤

Garibaldino, Calata Mazzini 1 (Hafenprom.), ☎ 91 47 51. Heineken vom Faß und Pizzas direkt am Meer. ⑤

Einkaufen: Deutschsprachige Presse in großer Auswahl erhält man am rechten Kiosk bei der Porta a Mare; hervorragende Buchhandlung, auch mit deutschen Titeln: **Il Libraio,** Calata Mazzini 9 (Hafenpromenade); Boutiquen und Shops an der Hafenpromenade; **Fiorella,** ebenda (Calata Giacomo Matteotti 11), entwirft ihre Lederwaren selbst, seien es Schuhe oder Taschen. Jeden Freitag großer Markt (an der Straße beim Supermarkt COOP).

Nachtleben: **Joe's Garage,** Via dell'Amore 48, Bierkneipe für junge Leute. **Enoteca,** Via dell'Amore 40, Kneipe gleich daneben; man kann wählen, wo einem das Publikum mehr zusagt.
An der Straße Richtung Procchio liegen am Bivio Boni **Il Rifrullo,** eine Art Pizzeria-Pub, wo man bis 3 oder 4 Uhr früh bleiben kann; gleiches gilt für **L'Alberone** (etwas weiter, Richtung Procchio). In der Disko-Bar **Cattivi Pensieri** sollte man nicht auf *schlechte Gedanken* kommen (ebenfalls am Bivio Boni).

Veranstaltungen: Karfreitag – Prozession; 29. April – Fest des Stadtheiligen.

Route 1

Seite 41

Wasserspaß am Meer, Kultur mit Napoleon

Karibisches Feeling auf Elba? Eigentlich fehlen nur die Palmen am Strand von Biadola. Traumhafte Ausblicke? Vom Capo d'Enfola übersieht man fast die ganze Insel. Schnittige Surfer, schöne Mädchen, Bars und Clubs? Procchio hat alles parat. Und Kultur? Ein bizarres Freiluftmuseum und Napoleons Sommerresidenz runden diese Route ab.

Man verläßt die Altstadt Portoferraios Richtung Capo Bianco und gelangt auf diesem Weg zum Strand *Le Ghiaie.* Große weiße Kieselsteine mit schwarzen Punkten warten hier am Hausstrand der Inselhauptstadt. Welch sagenumwobener Ort! Die Argonauten der griechischen Mythologie landeten erschöpft in Elba, am Strand von Le Ghiaie, um sich – wie die meisten heutigen Besucher – vom Streß zu erholen. Schweißtriefend kamen sie auf Elba an, und wie der griechische Geschichtsschreiber Strabon erzählt, hinterließen Jason und seine Freunde ihre Schweißtropfen auf den schönen weißen Kieseln.

Der Blick von Le Ghiaie reicht von der kleinen Leuchtturminsel *Scoglietto* über glasklares Wasser hinweg hinauf bis zu den blendend weißen Felsen des *Capo Bianco* (Weißes Kap). Am Strand von Capo Bianco, auch hier mit weißen Kieselsteinen, badet man direkt vor den weißen Felsen, die sich malerisch vom blauen Meer und der grünen Macchia abheben, die im Frühjahr vom Gelb des Ginsters dominiert wird.

Entlang der Panoramastraße bis Capo d'Enfola laden weitere kleine Badebuchten zum Sprung ins Wasser ein, die alle nicht so überlaufen sind, da die Straße bei Viticcio endet – es herrscht also kein Durchgangsverkehr.

❶ siehe Portoferraio.

Alle Adressen: 57037 Portoferraio.
🏨 **Acquamarina**, Ortsteil Padulella, ☎ 91 40 57, 🖷 91 56 72. ⏱ April–Okt. Schöne Panoramalage, reichhaltiges Frühstücksbuffet, direkter Strandzugang, ganz in der Nähe Portoferraios. Ⓢ⟩⟩

Acquaviva Park Hotel, Ortsteil Acquaviva, ☎ 91 53 92, 🖷 91 69 03. ⏱ Mai–Sept. (Winter ☎ 🖷 05 86/ 50 02 50). 900 m vom Meer entfernt, sehr ruhig in der Macchia gelegen, eigener Swimmingpool. Ⓢ⟩⟩, Ⓢ HP

⚠ **Acquaviva**, Ortsteil Acquaviva, ☎ 🖷 91 55 92. ⏱ Mai–Okt. (im Winter ☎ 93 31 10); mit Kinderspielplatz.
La Sorgente, 57037 Portoferraio, ☎ 91 71 39. Sehr schattig, auch Bungalows; beide liegen an einer eigenen Bucht direkt am Strand, Verleih von Booten und Fahrrädern.

An der Straßenkreuzung Viticcio/Enfola biegt man rechts ab und fährt durch die Macchia hinunter zum

Capo d'Enfola. Etwas traurig wirkt die schmale Landbrücke vor dem 135 m hohen Monte Enfola. Die Aussicht über das Meer bis zum Golf von Procchio mit dem mächtigen Massiv des Monte Capanne im Hintergrund lohnt aber allein schon die Anfahrt. Wer sich die Mühe macht und den zunächst relativ breiten Weg den Berg hinaufsteigt, den erwartet auf halber Höhe ein noch gewaltigeres Panorama bis nach Portoferraio und darüber hinaus im Osten, bis zum Inselende im Westen. Wer wirklich bis ganz nach oben will, muß sich durch die Büsche schlagen – und sieht dann oben vor lauter Macchia nichts mehr!

🏨 **Emanuel**, ☎ 93 90 03. Nach dem Abstieg kann man sich hier mit einem Drink erfrischen oder köstlich speisen. Vielleicht zum Anfang geräucherten Schwertfisch *(pesce spada affumicato),* danach *tagliolini alla bottarga* (mit Fischrogen) und anschließend *totani alla diavola!* ⑤))

△ **Enfola,** Ortsteil Enfola, 57037 Portoferraio, ☎ 93 90 01, 🖷 91 86 13. ◷ April–Sept. (im Winter ☎ 93 01 07). Schattiger kleiner Platz, am Hang über der Bucht gelegen, Tauchschule.

Bootsausflüge organisiert Claudio Barbè mit seinem **Paradise Adventure Club,** ☎ 03 36/71 17 65.

Tauchschule **Sirena Diving Center,** Enfola-Strand, ◷ ganzjährig, ☎ 03 36/ 45 21 95. Capo d'Enfola bietet ein hervorragendes Tauchgebiet, da in den ausgedehnten Unterwasserwiesen der Posidonia-Alge selbst Hochseefische vorkommen. Ob dies allerdings noch lange so bleiben wird, ist fraglich. Die Region Toskana möchte nämlich die alte, verkommene Thunfischfabrik aufmöbeln und hier ein nationales Segelzentrum ansiedeln – obwohl schon heute Naturschützer gegen die (bisher wenigen) Boote protestieren, die mit ihren Ankern die Wiese zerstören!

Durch die Macchia geht es auf der gleichen Strecke zurück zur Abzweigung Viticcio/Enfola, wo man rechts hinunter nach

Viticcio weiterfährt. Eine recht familiäre Atmosphäre strahlt die lose Ansammlung von Häusern aus. Kleine Hotels und Pensionen laden zum Bleiben ein. Wer zu Fuß unterwegs ist, den führt ein Wanderweg – mit herrlichen Ausblicken – über die *Punta Penisola* und den kleinen Ort *Forno* zum nächsten Traumstrand nach *Scaglieri*. Autofahrer müssen zurück nach Portoferraio und nehmen in Bivio Boni die Abzweigung nach Procchio.

Alle Adressen: Ortsteil Viticcio, 57037 Portoferraio.
🄷 **Hotel Paradiso,** ☎ 93 90 34, 🖷 93 90 41. ◷ April–Okt. Nicht direkt

Seite 41

Der Strand Le Ghiaie bei Portoferraio

Strände und Buchten liegen einem auf Elba zu Füßen

Silbermöwen auf Beutezug

am Strand, dafür mit Swimmingpool und Tennisplatz und schönen Aussichtsterrassen. Ⓢ HP

Pensione Scoglio Bianco, ☎ 93 90 36, 🖂 93 90 48. 🕐 Mai–Sept. Direkt am Meer, gruppieren sich die Zimmer um eine kleine Piazza, wunderschöne Panoramaterrasse. Ⓢ HP

Viticcio, ☎ 🖂 93 90 32. 🕐 Mitte Mai bis Sept. Ruhig gelegen, direkt am Meer und auch hier genießt man von der Panoramaterrasse einen herrlichen Blick übers Meer. Ⓢ HP

1 km nach der Kreuzung Bivio Boni führt links unvermittelt eine Straße Richtung San Martino zur

Villa San Martino. Der bewachte, gebührenpflichtige Parkplatz und die Souvenirstände zeigen schon, daß man hier nicht alleine ist. Am Ende der Auffahrt thront nicht etwa Napoleons Sommersitz, sondern der Bau seines angeheirateten Neffens, die wirklich „kaiserliche" Demidoffgalerie!

Anatol Demidoff erwarb den Sommersitz Napoleons, und als glühender Verehrer des Kaisers wollte er ihm ein angemessenes Museum widmen. Knapp 20 Jahre nach der Grundsteinlegung (1851) verscherbelten seine Erben 1870 die so mühsam gesammelten Erinnerungsstücke. Auch vor 100 Jahren war nicht jeder ein Napoleonfan. Nach den Entwürfen *Niccolò Matas,* der auch die Fassade von Santa Croce in Florenz schuf, entstand ab 1851 dieser neoklassizistische Tempel. Den Fries der Fassade zieren das *N* Napoleons, der kaiserliche Adler sowie sein Elba-Wappen, die drei Bienen. Heute wirken die hohen Granitsäulen der Wandelhalle im Inneren etwas zu majestätisch, beeindruckend bleibt die Statue der *Nymphe Galatea* im Vestibül, die der Bildhauer *Canova* (1757–1822) nach Napoleons Schwester Paolina modelliert haben soll. Liebhaber monumentaler Schlachtenansichten finden in den Vitrinen von Austerlitz bis Jena alles.

Das eigentliche *Sommerhaus* Napoleons wirkt nach dem pompösen Demi-

doff-Teil doch eher bescheiden. Von außen scheint man vor einem einfachen gelben Landhaus zu stehen – das Innere überrascht mit reicher Ausschmückung. Nach dem Kauf des Hauses legte Napoleon Wert darauf, daß der Bau in seiner Ausstattung Pariser Gemächern in nichts nachstehen sollte. Wieviel Mühe man sich machte, läßt sich an den bereits restaurierten Decken- und Wandgemälden der ersten Räume nachvollziehen. Im Ratszimmer, der *Sala delle Colombe,* fliegen zwei Tauben *(colombe)* im Deckengemälde mit den Enden eines Knotens davon. Ob Napoleon wirklich glaubte, daß sich das Liebesband zu seiner Gattin Marie-Louise von Österreich um so fester zusammenzog, je weiter sie von ihm entfernt war? Marie-Louise kam nie nach Elba, seine Geliebte Walewska hingegen schon!

Im *Ägyptischen Saal* konnte Napoleon inmitten von Hieroglyphen, Pyramiden und Wüstenlandschaften seinem Ägyptenfeldzug nachtrauern. Den Szenen des Malers Pietro Ravelli dienten die Tagebuchaufzeichnungen Napoleons als Anregungen. Zum Teil muten die Darstellungen recht naiv an, man betrachte nur die Kamele. Die Tierkreiszeichen an der Decke wiesen auch den Ex-Kaiser darauf hin, daß alles Menschliche letzten Endes von oben bestimmt wird. Ob er sich wirklich so glücklich fühlte wie seine eigenhändig geschriebenen Worte (unter Glas geschützt), *Ubicumque Felix Napoleo* – überall ist Napoleon glücklich – es glauben machen sollen?

Das Tiefgründige hinter sich lassend, genießen heutige Besucher von der Terrasse – wie einst Napoleon – die herrliche Aussicht über das Tal bis nach Portoferraio. Dieses Panorama soll Napoleon veranlaßt haben, sich hier niederzulassen. Ein Wunsch, der nur dank der Großzügigkeit seiner Schwester Paolina erfüllbar war. Sie verkaufte einige ihrer Juwelen – so weit war der Kaiser im Exil gesunken. Lang nutzte er die Villa übrigens nicht – es war ihm hier zu heiß! Bei der Wahl des Platzes im Frühjahr hatte Napoleon nicht an die drückende Sommerhitze gedacht ... Bevor man Napoleon den Rücken kehrt, sollte man noch ein wenig in dem großzügig angelegten Park herumschlendern, seine exotischen Pflanzen bewundern, oder links hinauf zu den Volieren spazieren.

Die Villa San Martino – das Sommerhaus Napoleons

🕙 Wochentags 9–19 Uhr, im Winter nur bis 16 Uhr, So u. Fei 9–13 Uhr. Die Eintrittskarte gilt am selben Tag auch für die „Villa dei Mulini". Für Bürger der EU unter 18 und über 60 kostenlos.

🏨 **Park Hotel Napoleone,** 57037 San Martino (Portoferraio), ☎ 91 85 02, 🖷 91 78 36. 🕙 ganzjährig: wohnen in einer Nobelresidenz des letzten Jahrhunderts mit allem, was man vom Urlaub erwartet, vom Swimmingpool, Reitstall bis zur Piano-Bar und dem Babysitter für die Kleinen; ein Hotelbus bringt die Urlauber zum eigenen Strand. ⑤⟫

Wieder zurück bei den Souvenirverkäufern, können Freunde etruskischer Wehranlagen von hier den steinigen Weg hinauf auf den Hügel San Martino nehmen und den Rundblick genießen. Um die Ausgrabungen zu erkennen, braucht man allerdings viel Phantasie.

Statue im Garten des Stadthauses von Napoleon

Kurz bevor man die Hauptstraße erreicht, zweigt rechts ein Weg ins Keramiktal *Valle delle Ceramiche* ab. Der Elbaner *Italo Bolano* verstreute seine eigenwilligen Keramiken inmitten eines 10 000 m² großen Parks. Trotz der überall gut sichtbar angebrachten Hinweisschilder ist das Freilichtmuseum nur im Juli und August geöffnet, 🕙 Mo–Sa 10–12.30, 16–19.30 Uhr.

Wenn man schon einmal hier ist, kann man in der *Tenuta La Barba* (ebenfalls ausge-

Am Nobelstrand von Elba in Scaglieri

schildert) einen im lieblichen San Martino-Tal produzierten Elba D. O. C. oder mit etwas Glück einen Aleatico direkt vor Ort probieren und natürlich auch eine Flasche mitnehmen.

Die Hauptstraße führt nun am Rande des Tals entlang und gewährt leider nur den Beifahrern (!) einen herrlichen Überblick. Direkt an der Hügelkuppe geht es rechts kurvenreich hinunter nach

Biodola, zum schönsten Strand der Insel. Eingebettet in die macchiabewachsenen Hügel, zieht sich der weiße feine Sandstrand vor dem blauen, kristallklaren Meer die Bucht entlang. Eigentlich fehlen nur die Palmen zur Südseeromantik. Wer hier in einem der Luxushotels, die ideal in die Landschaft eingepaßt sind, seinen Traumurlaub verbringen will, muß auch fast so tief in die Tasche greifen wie für einen Südseetrip. Dafür ist dann aber auch alles sehr exklusiv. Nicht ganz so spitzenmäßig wie in Biodola selbst geht es im kleinen Fischerdörfchen

Scaglieri zu. Die Boote am Strand und die nicht so gestylten Häuser strahlen noch etwas vom Charme eines alten Dorfes aus. Am Meer kann man selbstverständlich alles mieten, vom Liegestuhl bis zum Surfbrett, Trett- oder Motorboot. Im Hochsommer tummeln sich oft Menschenmassen hier, jeder will an Elbas Nobelstrand zumindest einmal gebadet haben.

⌂ Alle Adressen: Ortsteil La Biodola, 57037 Portoferraio.
Hermitage, ☎ 93 69 11, 🖷 96 99 84. ⏱ Mitte April–Mitte Okt.: sich vom Luxus verwöhnen lassen. Die Zimmer liegen in kleinen Bungalows im Grünen. Das Angebot reicht von 3 Meerwasserpools, Privatstrand, 8 Tennisplätzen, Wasserski, Surfbrettern bis zur Golf-Trainingsanlage mit 6 Löchern etc. Ⓢ HP
Biodola, ☎ 93 68 11, 🖷 96 98 52. ⏱ April–Mitte Okt. Das Hotel liegt gleich neben dem Hermitage, gleicher Luxus, es gibt hier ein Meerwasser-

becken, der Golfplatz hat ebenfalls 6 Löcher. Ⓢ HP
Casa Rosa, ☎ 96 99 31, 🖷 96 98 57. ⏱ April–Mitte Okt. Nettes, kleines Familienhotel mit wunderschöner Terrasse, nicht direkt am Strand, daher nicht ganz so teuer. Ⓢ HP
Danila, Ortsteil Scaglieri, 57037 Portoferraio, ☎ 96 99 15, 🖷 96 98 65. ⏱ Ende April–Anf. Okt. Im kleinen Dörfchen Scaglieri gelegen, ein Familienbetrieb in netter Anlage, 100 m vom Strand. Ⓢ HP

△ **Scaglieri,** Ortsteil Scaglieri, 57037 Portoferraio, ☎ 96 99 40, 🖷 96 98 34. ⏱ April–Okt. Am exklusivsten Strand der Insel liegt in herrlicher Panoramalage auch der teuerste Campingplatz, die Anlage zieht sich unter schattigen Bäumen vom Strand den Hang hinauf, Swimmingpool. Kinder unter 3 Jahren sind von Juli–Mitte Sept. nicht erlaubt – und das im sonst so kinderfreundlichen Italien!

🍴 **Da Luciano,** Scaglieri, gemütliche Pizzeria direkt am Meer mit dem Holzkohlenofen im Speisesaal! Es gibt auch jede Menge Fisch. Ⓢ

An der Hauptstraße nach Procchio liegen kurz hintereinander die beiden Discos *Norman's Club* und *Club 64* auf der linken Seite. Vorsicht, nachts ist auf der Straße daher jede Menge los. Man sollte auch tagsüber nicht zu schnell fahren, sonst übersieht man den *Punto Panoramico* leicht. Der herrliche Blick auf den Golf von Procchio lohnt einen Halt. Kurz vor Procchio führt rechts eine Straße in die Macchia hinunter nach *Campo all'Aia,* sozusagen der nette kleine Vorort von Procchio. Die Ausläufer des weißen Sandstrandes ziehen sich bis hierher und warten auch hier auf Sonnenhungrige und Wassersportler. Auf Strandbars und Ferienwohnungen muß man auch in Campo all'Aia nicht verzichten. Taucher entdecken vielleicht das alte Römer-Wrack, dessen Funde im Archäologischen Museum von Portoferraio ausgestellt sind. Wie Campo all'Aia liegt auch

Procchio

selbst wunderbar eingebettet in die grünen Hügel. Der Clou des Ortes, der sich eigentlich eher charakterlos an der Straße entlangzieht, ist der lange weiße Traumstrand! Wer auf alten Fotos die völlig unverbaute Bucht von Procchio sieht, erkennt sie nicht wieder. Eines der beliebtesten Ferienziele entwickelte sich in wenigen Jahren an dieser Straßenkreuzung, mit allem, was dazu gehört: von der deutschsprachigen Segelschule bis zum Luxushotel. Wohnen kann man aber auch billiger in den vielen Ferienwohnungen, die versteckt in der Macchia liegen. Restaurants, Bars und Clubs bieten die nötige Infrastruktur für die Abendunterhaltung.

Tip: Jeden Donnerstag kann man zwischen den Marktständen auf Schnäppchensuche gehen.

Alle Adressen 57030 Procchio

❶ „Bruno Viaggi e turismo", Via Provinciale 35, ☎ 90 73 80, 🖷 90 78 33. Organisiert Ferienwohnungen, Hotels, Apartments, Anmietung von Autos, Mountainbikes und Mopeds.

Eingebettet in die grünen Hügel – die Bucht von Procchio

Vor der Isola Paolina liegen Schiffe vor Anker

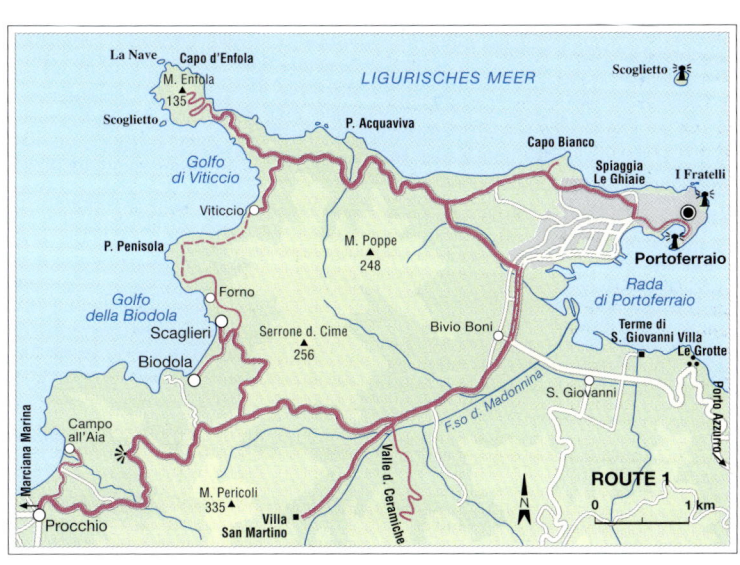

ⓗ **Hotel Brigantino,** Ortsteil Campo all'Aia, ☎ 90 74 53, 🖷 90 79 94. ⊙ April–Mitte Okt. 250 m vom Strand, nettes kleines Familienhotel mit Schwimmbecken und Tennis im Park, Kinderspielplatz ⓈⓈ, Ⓢ HP

Hotel Residenza Del Golfo, ☎ 90 75 65, 🖷 90 78 98. ⊙ Ende Mai–Okt. Direkt am Strand, schöne Anlage mit mehreren Häusergruppen im Park, großes Meerwasserbecken, Pianobar, Tennis, Windsurfing. Ⓢ

Hotel Residence La Perla, Ortsteil Campo all'Aia, ☎ 90 73 71, 🖷 90 73 72. 200 m vom Meer entfernt, eigener Strand, zwei Swimmingpools, einer für Kinder, vier Tennisplätze, Surfschule, Whirlpool, Sauna. Den hervorragenden Fisch in der Strandbar können nicht nur Hotelbewohner genießen. Ⓢ

Delfino, ☎ 90 74 55, 🖷 90 72 42. ⊙ April–Sept. Liegt fast direkt am Strand, einfachere Ausstattung. Ⓢ HP

ⓗ ⓗ **Da Renzo,** ☎ 90 75 05, ⊙ ganzjährig. Gediegener Familienbetrieb an der Straßenkreuzung; im zugehörigen Restaurant hat Napoleon *nie* gegessen – *mai* – wie die Inhaber betonen; guter Fisch. Ⓢ, Ⓢ HP

ⓗ **Lo Zodiaco,** ☎ 90 76 30, man sitzt angenehm im Freien oder speist unter den Tierkreiszeichen (zodiaco) im Inneren. Ⓢ

La Terrazza, ☎ 90 73 18, Pizzas und Panini direkt am Strand, aber auch Hauptgerichte. Ⓢ

L'Orso Bianco, Via Valle grande, nette Creperie, rechts von der Hauptstraße nach La Pila gelegen. Ⓢ

Coco si Coco no, Via del Mare, Treffpunkt am Weg zum Meer, im Schatten unter Pinien schlürft man hier angenehm seinen Cocktail. Ⓢ

New Clacson, Via Provinciale 23–24, ein Nachtclub, in dem's auch wirklich nachts erst richtig losgeht.

Tip: Deutschsprachige Zeitungen an der Hauptstraße.

Deutschsprachige Segelschule: **Segelschule Elba Charter,** Villa La Capanna, ☎ 🖷 90 78 38; die Schule kümmert sich auch um die Unterbringung. Info in Deutschland.: Jürgen Schultheis, Amselweg 11, 53844 Troisdorf, ☎ 🖷 0 22 41/40 63 99.

Surfschule: **Elba Surf,** Via del Mare, ☎ 90 78 33. Deutschsprechende Lehrer.

Tauchschule: **Centro Sub Oltre il Blu,** Via del Mare 10, ☎ 90 40 82, 🖷 90 52 25. Auch Ausrüstungsverleih.

Am Strand kann man von Motorüber Segelboote bis zum Surfbrett und Kanu alles leihen, sowie Wasserski laufen: s. o. und **Sea-Club Paola,** Campo all'Aia, ☎ 90 74 88; **Centro Sportivo Balneare La Perla,** Campo all'Aia, ☎ 90 76 53.

Ausflug von Procchio

Die berühmteste Badenixe von Procchio Paolina, Napoleons Schwester, soll sich im Evaskostüm auf dem nach ihr benannten Felseninselchen kurz hinter Procchio gesonnt haben. Die panorama- und kurvenreiche Straße von Procchio nach Marciana Marina führt zunächst an den kleinen Badebuchten *Spartaia* und *Redinoce* vorbei. Wenn links das Hotel Le Briciole auftaucht, kann man rechts auf einem Parkplatz halten *(Punto panoramico).* Von hier bewundert man die steil ins Meer abfallenden Felsen, die herrliche Bucht von Procchio, den Golf von Enfola und natürlich Paolinas Badeplatz! Die dichte grüne Macchia umrahmt die schöne Kulisse.

ⓗ **Desirée,** Ortsteil Lido di Spartaia, ☎ 90 73 11, 🖷 90 78 84. ⊙ Mitte April–Anf. Okt. Am abgelegenen Sandstrand von Spartaia verbringt man Ferien der Luxusklasse. Ⓢ HP

Hotel Valle Verde, Ortsteil Lido di Spartaia, ☎ 90 75 45, 🖷 90 79 65. ⊙ ganzjährig. 150 m vom Strand, bietet das Hotel allen Komfort in ruhiger Lage. Ⓢ HP

Route 2

Die grüne Seite Elbas

Ein Trip in die Natur! Die Route führt vom Badeort Procchio über die idyllisch gelegenen Bergstädtchen Sant'Ilario in Campo und Poggio wieder hinunter ans Meer in einen der schönsten Ferienorte der Insel, Marciana Marina. Reisebegleiter sind mal duftende Macchiagewächse, mal schattige Kastanienwälder.

Reste der etruskischen Festung auf dem Monte Castello

Man verläßt Procchio Richtung Marina di Campo/La Pila und taucht ein in eine typisch toskanische Landschaft. Sanfte Hügel und Weingärten charakterisieren diese mit nur 4,5 km engste Verbindung zwischen „Nordmeer" und „Südmeer".

Wandertip

Zur Etruskersiedlung auf den Monte Castello

Ein traumhafter Ausblick bis zum Meer auf beiden Seiten der Insel und ein paar etruskische Steine belohnen den circa 20 minütigen Aufstieg.

Nachdem man von Procchio kommend die Hügelkuppe hinter sich hat und wieder abwärts fährt, führt vor der ersten kleinen Brücke rechts eine Straße weg (Hinweisschild „Appartamenti Villa Anna").

Auf einer Kuppe liegt das Bergstädtchen Sant'Ilario

Man fährt auf dem Feldweg so weit den Berg hinauf, wie man es seinem Auto zumuten möchte. Anschließend hält man sich immer an den Hauptweg, erst ganz oben wählt man den linken Gipfel. Der Weg führt durch Garigue – also kein Schatten! – im Frühjahr wartet oben überraschend eine Blumenwiese. Ein paar verkohlte Getreidekörner aus der Wachfestung der Etrusker kann man heute noch im Archäologischen

Die Piazza Sant'Ilarios mit Trinkbrunnen und Pfarrkirche

Museum in Portoferraio bestaunen. Die einst 4 m hohe Mauer aus Granitblöcken schleiften die Römer bei ihrer Eroberung bis auf die mickrigen Reste, die Ausgrabungen ans Tageslicht brachten. Das strategische Gespür der Etrusker kann man aber auch heute noch voll Bewunderung nachvollziehen.

Dieser relativ niedrige Hügel (227 m) beherrscht die weite Ebene von La Pila mit dem Flughafen bis zum Meer bei Marina di Campo nach Süden hin, während sich im Norden ein herrliches Panorama auf den Sandstrand von Biodola bis zum Capo d'Enfola öffnet. Im Westen erheben sich majestätisch der Monte Perone und im Hintergrund der Monte Capanne, die Küstenlinie läßt sich bis zum Inselende bei Sant'Andrea verfolgen.

———

In *La Pila* (🖙) führt die enge Straße Richtung Sant'Ilario mitten zwischen den Häusern des Ortes hindurch. In großen Serpentinen fährt man anschließend den Hügel hinauf. Der traurige Anblick der verbrannten Abhänge des Monte Perone ermahnt zur Vorsicht im Umgang mit offenem Feuer und Zigaretten. Erst in circa 15 Jahren wird es am Berg wieder leuchten wie entlang der Straße, das wundervolle Farbenspiel – gelber Ginster inmitten unzähliger Grünschattierungen der Macchia – braucht Zeit zur Regeneration.

Sant'Ilario (205 m) liegt anmutig und abweisend zugleich auf einer Kuppe über der Ebene. Das kleine Bergstädtchen kann seinen Festungscharakter nicht verbergen. Weg von der Küste, hoch gelegen, dicke Mauern – früher schützte die Lage vor Piraten (aber nicht immer, wie der Überfall Draguts 1553 zeigte), und heute bewahrt sie die intime Atmosphäre der Piazza im Zentrum des Ortes vor allzu großem Touristenrummel.

Auf der Piazza mit dem Brunnen vor der Kirche fühlt man sich im Wohnzimmer Sant'Ilarios: Die Stühle stehen vor den Türen, man plauscht mit der Nachbarin, Kinder tollen in der „guten Stube", am Sonntag Nachmittag hört man Sandro Ciotti (den Gerd Rubenbauer Italiens) aus allen Radios. Überall schmücken Blumen und Zierpflanzen Balkone, Gäßchen und Treppenabsätze. Jasmin, Oleander, Hibiskus, Geranien erfreuen das Auge: Sant'Ilario sieht aus, als wolle es den Preis „schönstes und sauberstes Dorf Elbas" gewinnen. Die stille Zufriedenheit, die Gemütlichkeit dieses Ortes beruhigt nach einem Tag brodelnden Strandlebens die Seele.

In der Pfarrkirche, die im 12. Jh. von den Pisanern errichtet wurde, erinnern nur noch die Rundbögen an die Romanik, die überaus reiche barocke Ausstattung verdient aber durchaus einen Blick. Wie überall in Italien wird auch hier der bedeutendste Sproß des Ortes – auch wenn er sonst nirgends bekannt ist – mit einer Gedenktafel und viel Pathos geehrt (in der Gasse an der rechten Seite der Kirche): „Giuseppe Petri, der Musiker und Komponist dieser Hügel, wurde hier am 6. Mai 1886 geboren. Er hörte die Stimmen seines geliebten Elba und schenkte sie der italienischen Kunst in melodiösen, träumerischen Schöpfungen."

Am Ortsausgang gibt es eine sehr italienische Bar, in der stets die neuesten Fußballergebnisse *das* Gesprächsthema sind. Dort befindet sich auch ein Kinderspielplatz.

🏨 **La Quiete,** Ortsteil Lammia, 57034 Marina di Campo, ☎ 97 72 76, 📠 97 73 23. 🕐 Mitte April–Ende Sept. Wie der Name *Ruhe* schon sagt, verbringt man hier ruhige Ferien in der Natur unterhalb von Sant'Ilario. 💲
🏨 **La Cava,** ☎ 98 33 79. Neben dem Panoramablick vor allem wegen der Wildschweinspezialitäten zu empfehlen; an der „Umgehungsstraße" des Ortes. 💲
Veranstaltungen: Karfreitagsprozession nach San Piero (s. S. 18).

Man verläßt Sant'Ilario Richtung San Piero (s. S. 62) und biegt nach ein paar hundert Metern rechts ab auf die panoramareiche Straße zum Monte Perone und nach Poggio. Nach etwa 1 km erhebt sich rechts der wuchtige *Wachturm San Giovanni*, den die Pisaner im 12. Jh. erbauten. Halb verfallen, bildet er heute auf seinem riesigen Granitstein ein beliebtes Fotomotiv. Einst spielte er eine wichtige Rolle in dem System von Verteidigungsanlagen (Marciana Marina, Marciana Alta, Marina di Campo, Sant'Ilario und San Piero), mit dem die Seerepublik versuchte, diesen Teil Elbas vor Piraten und Genuesen zu schützen. Von einer wunderschönen Aussicht begleitet, erreicht man nach circa 500 m die Ruinen der größten erhaltenen romanischen Kirche der Insel, * *San Giovanni*. Die vielen Mauerreste und Steine, die man bei einem kleinen Spaziergang herumliegen sieht, lassen vermuten, daß hier einst eine Siedlung stand. Dies würde auch die Präsenz des weiter unterhalb liegenden Wachturms und die Größe der Kirche an dieser einsamen Stelle gut erklären.

Der Wachturm San Giovanni steht auf einem Granitblock

San Giovanni weist die typische Struktur der Pisaner Romanik auf Elba auf: Der einschiffige, rechteckige Raum wird durch eine halbkreisförmige Apsis begrenzt, das Mauerwerk besteht aus regelmäßig behauenen Granitsteinen, die aus einem Steinbruch nicht weit von der Kirche stammen, der bis heute ausgebeutet wird. Wie bei San Lorenzo unterhalb von Marciana Alta verjüngen sich die Steine nach oben hin. Der schöne Segelglockenturm und die beiden pfeilerartigen Lisenen der Fassade vervollständigen die charakteristischen Elemente dieses Baus aus der 2. Hälfte des 12. Jhs. Im eindrucksvollen Inneren hallt übrigens überraschend ein Echo von den Wänden zurück.

Nur noch eine Ruine - die romanische Kirche San Giovanni

Kurvenreich wie bisher geht es hinauf zum Kamm des *Monte Perone* (603 m). Ein wunderschöner Picknickplatz

Inmitten von Kastanien- und Kiefernwälder liegt Poggio

unter schattigen Kiefern bietet dort eine gute Gelegenheit für eine Pause. Gerade in den heißesten Stunden des Tages findet man selbst im Hochsommer hier oben noch angenehme Temperaturen, und ein kleiner Ausflug vom Strand herauf wird zudem noch mit einem herrlichen Panorama belohnt. Den besten Blick besitzt man, wenn man rechts hinauf spaziert: Der Golf von Procchio, die Landspitze Enfola und Portoferraio liegen einem zu Füßen, die Aussicht reicht von Marina di Campo bis hinauf zur Halbinsel Calamita.

Kinder können unbeschwert unter den Kiefern herumtollen, ein kleines Paradies gilt es hier oben zu entdecken, Wanderern bieten sich Möglichkeiten für kleinere oder größere Touren. Vom italienischen Alpenverein CAI gekennzeichnete Wege führen hinunter nach Sant'Ilario oder hinüber auf den Monte Capanne.

Auf den noch vor dem Monte Capanne liegenden Gipfel Monte Maolo (793 m) gelangt man entlang des Weges Nr. 5, der vom Straßenkamm nach links abgeht. Auch hier wartet ein weiter Panoramablick.

Kiefern wechseln mit mächtigen Kastanien, Steineichen gesellen sich hinzu. Fast scheint man durch einen grünen Tunnel hinunter zu fahren. Eingebettet in diese schattige, erfrischende Landschaft liegt

Poggio. Dichte Kastanien- und Kiefernwälder umgeben das malerische kleine Bergdorf, das sich terrassenförmig in einer Höhe von 350 m am Hügel *(poggio)* unterhalb des Monte Capanne entlang zieht. Zu einer lieblichen kleinen Sommerfrische entwickelte sich der Ort Anfang unseres Jahrhunderts und trat so aus dem Schatten des größeren und älteren Marciana Alta, in dessen Gemeinde es 1738 eingegliedert worden war. Die berühmten Besucher Poggios wie der englische Premier Winston Churchill, der französische Maler Eugène Delacroix oder der italienische Maler Giorgio De Chirico, die das angenehme Klima und das gesunde Wasser der Napoleonquelle (s. S. 48) genossen, gaben dem Städtchen ein weltoffeneres, internationaleres Flair als dem eher verschlossenen, von einstiger Größe träumenden Nachbarort. Das Hotel *Fonte Napoleone,* in dem die hohen Gäste abstiegen, ist zwar heute ein einfaches Apartmenthaus, aber die Gastronomie Poggios weist noch immer eines der Spitzenlokale der Insel auf, das *Publius.*

Den Spaziergang durch das Städtchen beginnt man am besten am Eingangsplatz des Ortes. Man sollte jedoch nicht nur die herrliche Aussicht bis hinunter ans Meer bewundern, sondern auch einen Blick auf den Boden werfen: Falls der Platz nicht – wie eigentlich immer – völlig mit Autos zugeparkt ist, erkennt man den leicht verblaßten Meridian auf dem Pflaster. Genau um 12 Uhr stimmt der Schatten der Südecke der Pfarrkirche mit ihm überein. An der Piazza liegen auch zwei nette Bars, die kleine Snacks und Erfrischungen anbieten: *Grifone* gleich an der Ecke und *Silvano,* mit einer hübschen, leicht erhöht liegenden Laube.

Die Reize des Städtchens erschließen sich nur dem Fußgänger. Treppauf öffnet sich einer dieser so hübschen kleinen Plätze, die Italien auszeichnen. Das kleine Postamt, die Bänke und der Brunnen verleihen der Piazza Umberto I. ihren Reiz. Man spaziert durch die engen Gäßchen, bewundert die Blumen und Pflanzen in den unzähligen Töpfen und steigt bis ganz hinauf zur *Kirche San Niccolò.* Wie eine Burg mutet das Gotteshaus nicht zu Unrecht an: Da Poggio über keine eigene Festung verfügte, baute man die Pfarrkirche aus dem 8. Jh. für Notfälle als Verteidigungsanlage aus. Im 16. Jh. erhielt sie ihre wehrhaften Bastionen, die man noch klar neben der Fassade erkennen kann. Das Innere blieb hingegen ganz von der geistlichen Funktion des Gebäudes geprägt. Die Orgelempore und die schöne Orgel verdienen einen Blick.

Der Aufstieg zu San Niccolò belohnt darüber hinaus mit einer herrlichen Aussicht. Von dem kleinen Kirchvorplatz sieht man Marciana Alta reizvoll vor dem Monte Capanne-Massiv liegen. Ruhe und Frieden genießt man hier, ein orangener Hibiskus, ein rosa Oleander ziehen den Blick an, Vögel zwitschern, und weit entfernt hört man den Linienbus mit einem Hupen seine Ankunft verkünden. Besonders im Sommer erfreut man sich beim Besuch Poggios an der kühlen Frische, den immergrünen Laubwäldern, und Wildschweinfans sollten sowieso kommen.

🏠 **Monte Capanne,** Ortsteil Poggio, 57030 Marciana, ☎ 🖶 9 90 83. 🕐 April–Sept. Oberhalb des Städtchens gelegen, für erholsame Ferien im Grünen, ideal für Wanderer als Ausgangspunkt für Touren ins Monte Capanne-Massiv. Ⓢ, Ⓢ HP.

🏠 **Publius,** Piazza XX Settembre, ☎ 9 92 08. Ausgezeichnete Wildschweinspezialitäten (in der Saison von der Vorspeise über das Nudelgericht bis zur Hauptspeise alles *cinghiale*), Pilze und hausgemachte Nudeln bietet der Familienbetrieb; den Panoramablick gibt's gratis dazu. Ⓢ
Luigi, Ortsteil Lavacchio (an der Straße, die von Poggio nach Marciana Marina führt, biegt man rechts ab), ☎ 9 94 13, typisch toskanische Hausmannskost, viel Gegrilltes, mitten im Grünen gelegen. Ⓢ

Das malerische Bergstädtchen Poggio – am Eingangsplatz

Der Monte Capanne von Marciana Alta aus gesehen

Wandertip

Zur Einsiedelei von San Cerbone

An der Straße von Poggio nach Marciana Alta beginnt beim Friedhof eine halbstündige Wanderung zur Einsiedelei von San Cerbone auf der gepflasterten Forststraße.

Typisch für die Zeit der Völkerwanderung ist die Geschichte, die Papst

Die Talstation der Seilbahn am Monte Capanne

Gregor d. Gr. über das Schicksal des hl. Cerbone erzählt. Zunächst mußte Cerbone seine Heimat Nordafrika verlassen: Die Vandalen, die arianische Christen waren – sie leugneten die Einheit von Gottvater und Gottsohn –, vertrieben ihn in die südliche Toskana. Hier lebte er als Einsiedler, wurde dann Bischof von Populonia. Als die Langobarden, auch sie Arianer, die Toskana eroberten und 569 Populonia plünderten, mußte er erneut flüchten. Wie viele andere Mönche und Einsiedler suchte er Schutz auf einer Insel und lebte bis zu seinem Tode als Eremit in der Höhle oberhalb von Poggio. Wie er es gewünscht hatte, brachten seine Gefährten seinen Leichnam zur Bestattung nach Populonia, wo noch heute eine kleine Kapelle am Strand von Baratti an Cerbone erinnert. Nach der Zerstörung Populonias durch die Sarazenen und der Verlegung des Bischofssitzes nach Massa Marittima überführte man auch die Gebeine des Heiligen, die noch immer in einem wunderschönen romanischen Sarkophag im Dom von Massa liegen. Bis zum heutigen Tag spricht man auf Elba von einem San Cerbone-Wetter. Das hat folgenden Grund: Die Begleiter des Heiligen wurden nämlich bei ihrer Überfahrt von einem starken, böigen Regen verborgen, so daß die Langobarden sie nicht sehen konnten und sie unversehrt zurück nach Elba gelangten. Wie vorausschauend der Heilige sein Begräbnis geregelt hatte, zeigte sich nach seinem Tode. Bis 1421 (!) stritten sich Poggio und Marciana Alta um den Ort, wo seine Kapelle errichtet werden sollte. Jacopo II. Appiani fand dann die Lösung: Der Eingang liegt auf dem Gebiet von Marciana Alta, der Altar auf dem von Poggio. An dem schön restaurierten Bau beachte man das Wappen der Appiani.

—

Wahrscheinlich haben Sie auch schon Napoleons Wasser getrunken. In praktisch jedem Lokal Elbas kommt das Wasser der Fonte Napoleone auf den Tisch, das dem Kaiser bei seinem Blasenleiden Erleichterung verschafft haben soll und dem Städtchen Poggio zu dem Zusatz *Terme* (Trinkkurort) verholfen hat. Wer genug Flaschen dabei hat, der kann es wie die Elbaner auch, direkt an der Quelle, die an der Straße nach Marciana Alta liegt, kostenlos abfüllen.

Kurz hinter der Napoleonquelle findet sich an derselben Straße die Talstation der Bahn auf den Monte Capanne (auch hier besteht die Möglichkeit zur Einsiedelei San Cerbone zu wandern). Recht luftig geht es in den gelben Käfigen der *Cabinovia* in 15 Minuten hinauf auf den höchsten Berg der Insel. Oben braucht man auch im Hochsommer warme Kleidung! An klaren Tagen bietet sich eine phantastische Aussicht auf ganz Elba, den gesamten toskanischen Archipel, auf Korsika und bis zum Festland hinüber.

Wer Lust hat, kann zu Fuß nach Poggio oder Marciana Alta absteigen – natürlich ist es auch umgekehrt möglich: zuerst gehen, und dann zurückfahren (2–3 Stunden Wanderzeit).

🕐 April–Sept. 10–12.15, 14.30–18 Uhr.
☎ 90 10 20.

Tip: Besonders schöne in Elba hergestellte Keramiken findet man an der Talstation bei *Ceramiche dell'Elba.*

Brauchen Sie nach dem kühlen Wind oben am Berg vielleicht einen Grappa zum Aufwärmen? Kein Problem, bei der Abfahrt nach Marciana Marina liegt in einer Rechtskurve auf der linken Seite die Probierstube der *Unione Elbana Vini.* Schilder künden die *Degustazione* vorher an. Neben einem guten Grappa kann man auch Weine und einen Amaro (Magenbitter) probieren und natürlich kaufen sowie einen hervorragenden Honig.

Nach den letzten Kurven läßt man die grünen Wälder hinter sich und fährt nun durch eine liebliche Landschaft mit Weingärten und Obstbäumen hinunter in einen der schönsten Ferienorte Elbas mit 1971 Einwohnern, nach

Marciana Marina.

Die wunderschöne, mit alten
Tamarisken bestückte Hafenpromenade zieht sich malerisch vor den bunten, kleinen
Häusern am Meer entlang.
An der Mole dümpeln Yach-
ten und Fischerboote im
leicht bewegten Wasser, der
von den Pisanern im 12. Jh.
errichtete Sarazenenturm hält Wacht.
Cafés und Bars laden ein, stundenlang
aufs Meer hinauszusehen und den Tag
in aller Ruhe vorübergehen zu lassen.

*An klaren Tagen hat man vom
Monte Capanne eine phantastische Aussicht*

Seite 51

2

Die lockere, heitere Atmosphäre über-
trägt sich auf gestreßte Urlaubssuchen-
de, die hier alle bald den gemächlichen
Rhythmus der Einheimischen annehmen. Einst nur der Hafen der Residenz-
stadt Marciana Alta, entwickelte sich
Marciana Marina in der Neuzeit (nach
dem Ende der Piratengefahr) zu einem
belebten Fischereizentrum und wurde
1887 eigenständige Gemeinde. Die
Fangflotte existiert zwar auch heute
noch und trägt zum Lebensunterhalt
der Bewohner bei, die ortsansässige
Fischfabrik (die letzte Elbas) mußte allerdings 1995 aus Rentabilitätsgründen
geschlossen werden. Mehr und mehr
hängt daher auch Marciana von der
Monokultur Tourismus ab. Trotz der
vielen Besucher konnte sich die Stadt
bisher ein bemerkenswertes Eigenleben
bewahren, dessen Reiz man sofort ent-
deckt, wenn man nur wenige
Schritte von der Hafenpromenade ins Gewirr der Gäßchen tritt.

Im Hafen von Marciana Marina

Kaum 50 m vom Meer öffnet
sich eine typisch italienische
Piazza, platanenumstanden,
nette Bars, richtig südländi-
sches Flair atmet man auf
der Piazza Vittorio Emanuele. Majestätisch schaut die
im Vergleich zu den klei-
nen Häusern rundherum fast
riesig erscheinende barocke
Pfarrkirche Santa Chiara auf
spielende Kinder und alte

*Badefreuden in Marciana Marina
– im Hintergrund die Altstadt*

Männer, die vor einer Bar ein Schwätzchen halten. Und nicht die üblichen weißen Plastikstühle laden in der Paninoteca Palmo&Boccio zu einem Imbiß ein, sondern noch die schönen alten Metallsitze.

Die kleine, seit dem Mittelalter bewohnte Altstadt von Marciana Marina, *Cotone,* liegt im Osten der Hafenpromenade leicht erhöht auf den Felsen. Von einer winzigen Aussichtsterrasse überblickt man die ganze lange Hafenpromenade, die Boote schaukeln in glitzernden Wasser, den Trubel scheint man dort unten zurückgelassen zu haben. Das pittoreske Fischerviertel bietet eine ruhigere Alltagsatmosphäre. Die Häuser sind oft direkt auf den Fels gebaut, der unten am Meer kleine Tafoni bildet. Wie bei den riesigen Verwandten in der Nähe der Kirche Madonna del Monte handelt es sich um durch Erosion gebildete Höhlungen, die oft bizarre Formen annehmen (s. S. 56). Die bunten Boote, die hier an Land gezogen werden, scheinen schon fast aus einem Fotoband „So lebten die Fischer Elbas" zu stammen. Wer in Cotone noch ein Stück weiterspaziert, genießt einen schönen Blick auf die nächsten Buchten, die Brandung und das Surren der Insekten machen die Idylle perfekt.

Hinter der Hafenmole mit dem Sarazenenturm liegt der Hausstrand von Marciana Marina, *La Fenicia.* Kieselsteine und Granitfelsen laden zum Sonnenbaden ein, malerisch dominiert der Sarazenenturm die Szenerie.

Praktische Hinweise

Alle Adressen: 57033 Marciana Marina.
❶ „Brauntour Viaggi", Via Mentana 2, ☎ 99 68 73, 🖷 99 68 24. An der Piazza im Zentrum, organisiert auch Trekking- und Mountainbike-Touren, Reit- und Tauchferien.

🏨 **Marinella,** Viale Margherita 38, ☎ 9 90 18, 🖷 99 68 95. ⏱ Anf. April bis Anf. Okt., fast direkt am Meer gelegen, große Schirmpinien umgeben das Haus, mit Tennisplätzen und Swimmingpool. Ⓢ HP

La Conchiglia, Via XX Settembre 43, ☎ 9 90 16, 🖷 9 94 88. ⏱ Mai–Okt. 80 m vom Meer, Familienbetrieb mit schönem Garten und Pool. Ⓢ HP

Imperia, Viale Amedeo, ☎ 9 90 82, 🖷 90 42 59. ⏱ ganzjährig. Mitten im Zentrum Marcianas gelegene, familiäres Hotel. Ⓢ

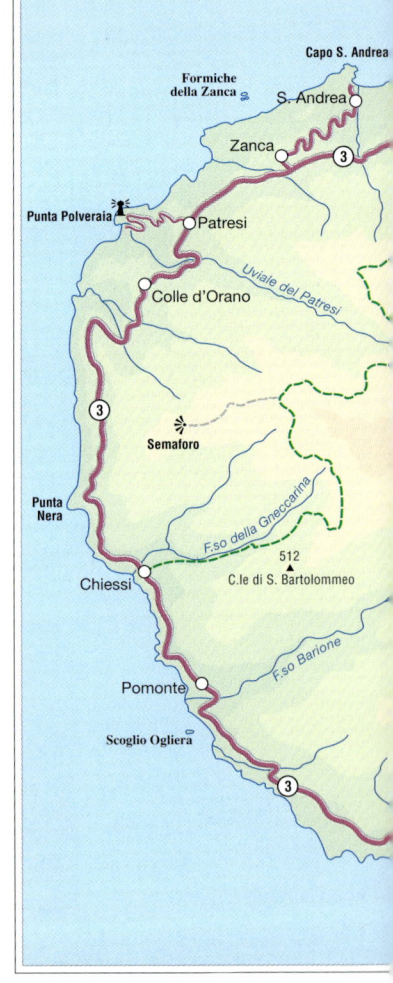

Gabbiano Azzurro Due, Viale Amedeo, ☎ 99 70 35, 🖶 99 70 34. ○ April bis Mitte Okt. Etwas außerhalb gelegen, dafür mit 20 Suiten, Swimmingpool und Hallenbad, Fitneßraum, Frühstücksbuffet. Ⓢ
Yacht Club, Via A. Moro, ☎ 90 44 22, 🖶 90 44 65. ○ Mitte April–Sept., 50 m vom Hafen gelegenes Hotel, großes Frühstücksbuffet. Ⓢ

ROUTEN 2 UND 3

— — — Wandertip

0   1 km

La Cala

La Fenicia · Torre
Marciana Marina

Conca
aciarello

adonna
l Monto
Marciana Alta

S. Lorenzo

Poggio

Fonte Napoleone

S. Cerbone

355
Giove

1018
M. Capanne

M. Maolo
749

▲ 630
M. Perone

Valle della Nivera

Golfo di Procchio

Campo all'Aia

Paolina

Procchio

Portoferraio

▲ 227
M. Castello

F.so Galea

S. Ilario in Campo

Torre di S. Giovanni

S. Giovanni

La Pila

Bonalaccia

Porto Azzurro

F.so dell'Inferno

F.so S. Francesco

S. Piero in Campo

enno

F.so di Vallebuia

Nave

Cavoli

Secheto

Fetovaia

Marina di Campo

Golfo di Campo

Capo di Poro

TYRRHENISCHES MEER

2

Seite
51

🍴 **Enoteca Coltelli,** Piazza della Vittoria 12 (kleiner Platz im Osten der Hafenprom.), ☎ 9 91 66, in dem sehr gemütlichen, urigen Lokal sitzt man unter großen Bögen an Holztischen, empfehlenswert die *Bruschette,* geröstete Brotscheiben z. B. mit Butter und Sardellen; Wein, Olivenöl und Honig auch zum Mitnehmen. Ⓢ

Rendez-Vous, Via del Cotone 21, ☎ 9 92 51. Im Osten der Hafenpromenade serviert der Familienbetrieb hervorragende Fischspezialitäten ⓈⓈⓈ

La Gritta, Via del Cotone 17, ☎ 90 43 90. Fischspezialitäten direkt am Meer, bei den Tafoni. Ⓢ

Le Onde, nette Crêperie, 10 m von der Promenade (Via Principe Amedeo 4), süße Crêpes und salzige z. B. mit geräuchertem Scamorza-Käse.

Einkaufen: Deutsche Zeitungen und Urlaubslektüre an der Hafenpromenade bei **Rigola,** Piazza della Vittoria 26. **Zoccoli Fantasia** (Viale Margherita 21, Hafenprom.), falls Sie nicht immer mit den gleichen Sandalen durch die Gegend laufen wollen. Für den richtigen Geldbeutel bietet **Il Veliero** an der Promenade Exklusives von Trussardi oder Loris Abate (Viale Margherita 18). **Acqua Marina,** Viale Margherita 8: Schöner Schmuck aus Mineralien und Steinen. **Cotone d'Oro,** Via del Cotone 19: toller Schmuck aus tollen Steinen, „hausgemacht", wer will, sucht sich die Steine und Mineralien für seine Kette selbst aus, Michela fertigt sie nach Wunsch. **Gulliver** bietet sehr phantasievolle Figuren; wenn man einen Napoleon mit nach Hause nehmen möchte, warum eigentlich nicht als Marionette? Via XX Settembre 14.

Das Angelzubehör zu Hause vergessen? Kein Problem, der **Fischerladen** (Via XX Settembre 1) vermietet Angeln und was man sonst so braucht, um einen dicken Fisch an Land zu ziehen.

Der charakteristische Lebensmittelladen von **Franco Palmi** (an der kleinen Piazza Vittoria 21, Hafenpromenade) bietet italienische Wurst- und Käsespezialitäten in großer Auswahl und natürlich auch den richtigen Wein fürs Picknick dazu.

Falls Sie einen Wein aus Elba mitnehmen wollen, sollten Sie immer darauf achten, daß der Wein das Gütesiegel D. O. C. trägt, oder Sie kaufen direkt beim Bauern.

Tip: Dienstags Markt.

Nachtleben: **First Love,** Via Cap Gaspare Dussol 9, gemütliche Kneipe, die auch Restaurant und Pizzeria ist. **Capo Nord,** Discothek am Strand von La Fenicia, ☎ 99 69 83.

Tauchschule: **Elba Diving Center,** Postfach (c. p.) 53, ☎ 90 42 56.

Fahrrad- und Motorradverleih: **Rent Ghiaie,** Via Dussol, ☎ 99 70 27 (auch Mietwagen); **TWN,** Via Dussol.

Veranstaltungen: 12. August – Fest der Stadtpatronin Santa Chiara: Tausende kleiner Lichter beleuchten bei dieser besonders sehenswerten Prozession am Abend die Fischerboote, die die Statue der hl. Klara mit sich aufs Meer hinaus führen. Einheimische wie Touristen warten gespannt auf ihre Rückkehr – dann beginnt nämlich das große Feuerwerk und die Feier geht erst richtig los! Juli–August: Jazz- und Klassikkonzerte auf der Piazza.

Ausflug

Vom Strand La Fenicia fährt man einfach weiter zur nächsten Bucht. Da die Straße eine Sackstraße ist, begegnet einem meist kein Mensch. Eine wundervolle Aussicht die Küste entlang bis nach Sant'Andrea hinunter, blaues Meer, dichte grüne Macchia und Einsamkeit warten auf Spaziergänger.

🏨 **Andreina,** Ortsteil La Cala, ☎ 90 81 50. ◷ April–Sept. Wohl das einzige Hotel, das man nur über einen viertelstündigen Fußmarsch entlang eines schmalen Pfades erreicht. Garantiert autofreie Erholung im Grünen (Parkmöglichkeit am Ende der Straße). Ⓢ

Route 3

Der einsame Westen

Vor 1963 kam niemand in den Westen Elbas, es sei denn mit dem Esel, zu Fuß oder per Schiff. Heute fährt man zwischen Meer und Bergen eine der panoramareichsten Strecken der Insel entlang. Die Felsvorsprünge und Buchten sind oft atemberaubend – doch trotz der Leitplanken ist Vorsicht geboten: es geht steil hinunter!

Von Marciana Marina geht es mit dem Monte Capanne im Blick hinauf Richtung Marciana Alta. Bereits im Laubwald hält man sich an der Kreuzung Poggio/Marciana Alta rechts. Jetzt beginnt die Schatzsuche. Nach knapp 1 km gelangt man an eine relativ spitze Kurve am Ende des Tales. Circa 100 m weiter führt rechts ein schwer erkennbarer Feldweg hinunter. Man parkt an der Straße und geht circa 30 m zu Fuß. Wer die großen Kehren erreicht hat, ist schon zu weit gefahren! Und der Schatz? Die kleine, im 12. Jh. errichtete *Kirche San Lorenzo*, die einen Besuch als typisches Beispiel Pisaner Romanik auf Elba lohnt. An der Fassade sieht man noch die beiden Pfeiler, die einst den typischen Segelglockenturm trugen. Leider fehlt das Dach, und Gestrüpp wuchert im Innenraum, etwas mehr Pflege hätte die Kirche durchaus verdient ...

Durch einen kühlenden Laubwald geht es in großen Kehren nach

Marciana Alta

(2244 Einw.; 374 m). Dem bezaubernden kleinen Residenzstädtchen, das sich malerisch am Abhang des Monte Giove (790 m) hinzieht, sieht man es auch heute noch an, daß hier einst die High Society der Insel lebte. Die Appi-

Auf dem Weg nach Marciana Alta liegt San Lorenzo

3

Seite
51

Die Gegend um Marciana Alta eignet sich gut für eine Radtour

Marciana Alta vom Monte Capanne aus gesehen

ani regierten von Marciana aus ihr kleines Reich, und der Ort weist noch viele, im Vergleich zum Festland bescheidenere, Adels- und Bürgerpaläste auf. Das geschlossen erhaltene, zum Teil noch mittelalterlich geprägte Stadtbild, die kleinen Gäßchen, die unzähligen Treppen, hier ein beachtenswerter Erker, dort ein vorspringender Balkon – all das erschließt sich am besten durch einen Spaziergang. Wie extra für einen Fotoband geschmückt, wirken die mit unzähligen Blumentöpfen verschönerten Balkone, Treppenabsätze und Veranden. Manche Sträßchen gleichen fast Vorgärten. Das Auto parkt man am besten direkt vor der gut ausgeschilderten Pisaner Festung *(Fortezza Pisana/Museo Archeologico)*.

Geschichte

Von einem Römer namens *Marcius* erhielt die Stadt ihren Namen. Die Römer bezeichneten ihre Ländereien normalerweise als *„Besitz des Soundso"*, hier also *„Besitz des Marcius"* *(massa marciana)*. Marciana war jedoch auch schon in vorrömischer Zeit besiedelt und gilt als ältester bewohnter Ort der Insel. Die Pisaner legten im 12. Jh. erste Befestigungen und die Stadtmauer an. Die Appiani wählten Marciana als Sitz ihrer Residenz auf Elba weit weg vom Meer und somit den Piraten. Kirchen und Herrenhäuser entstanden, die Verteidigungsanlagen wurden 1460 erneuert. Trotzdem konnten die Piraten Draguts 1553 Marciana verwüsten. Bei diesem Anlaß zerstörten sie auch San Lorenzo (s. o.). Mit der Übernahme des Fürstentums 1634 durch Niccolò Ludovisi verlor Marciana Alta mehr und mehr an Bedeutung, während sich Marciana Marina als Fischerhafen und heute durch den Tourismus zunehmend entwickelte.

Sehenswürdigkeiten

Die *Pisaner Festung* oberhalb des Ortes dominiert eindrucksvoll Marciana von oben, und genauso eindrucksvoll ist der wunderschöne *Blick* auf den Nachbarort Poggio und hinunter bis nach Marciana Marina ans Meer. Das quadratisch, aus Quadersteinen ohne Mörtel, angelegte Kastell des 12. Jhs. weist vier mächtige Eckbastionen auf, im Inneren ist der Wehrgang noch gut erhalten. Im Sommer sollte man die Möglichkeit nutzen, eines der festlichen Konzerte in der Festung zu erleben.

Gleich um die Ecke links von der Burg bietet die *Bar Monilli* Erfrischungen und Snacks, kombiniert mit einer herrlichen Aussicht von der Terrasse auf den Monte Capanne und hinüber nach Poggio – ein beliebter Treff an Sommerabenden. Über schmale Gäßchen geht es treppab ins eigentliche Zentrum. Das sehr sehenswerte *Archäologische Museum* wartet auf halber Höhe in einem von außen eher unscheinbaren Haus. Gezeigt wird Elbas Vor- und Frühgeschichte in einer Art Arbeitsteilung mit dem Museo Archeologico in Portoferraio, das mehr Gewicht auf Etrusker und Römer legt. Spuren der Menschen, die Elba vor 40 000 Jahren besiedelten, wie Pfeilspitzen und Äxte, einfache Werkzeuge kann man betrachten, aber auch Funde aus etruskischer Zeit und Amphoren aus römischen Wracks fehlen nicht. Interessant der kleine Behälter mit den 2000 Jahre alten Oliven sowie das Glanzstück des Museums, ein 4000 Jahre alter Schädel einer etwa 23jährigen Frau. Die Beschriftungen sind übrigens auch auf Englisch! ⏲ April–Sept., 9–13 Uhr, im Hochsommer auch 15.30–19.00 Uhr, So u. Fei zu.

Im *Oratorium des hl. Liborius* aus dem 14. Jh. fällt einem bei genauem Hinsehen das schwarze Weihwasserbecken auf. Steigt man weiter hinunter, überrascht plötzlich an einem kleinen Platz die Kirche *Santa Caterina*. Einen näheren Blick sollte man auf die Engel im Deckengemälde der dreischiffigen Kirche werfen. Wirken sie zum Teil nicht richtig sexy? Auf dem Triumphbogen sieht man Santa Caterina, die Patronin von Marciana Alta mit der Stadt dargestellt sowie mit dem Rad, auf dem sie gefoltert wurde. Durch das Stadttor vor Santa Caterina tritt man hinaus auf die langestreckte Piazza. Der Blick schweift ins Tal bis Marciana Marina und hinauf, die Fassaden der prächtigen Paläste entlang. Auch zur Zeit der Appiani legte jeder Höfling Wert darauf, einen „Sitz" mit Aussicht in der ersten Reihe zu haben. Direkt an der Balustrade, immer mit Blick auf Marciana Marina, serviert die Bar *La Porta* Erfrischungen und *Bruschette,* geröstete Brotscheiben, die mit Knoblauch eingerieben oder belegt werden.

Viele kleine romantische Ecken, Rundbögen, gepflegte Gäßchen und die *Kapelle Sant'Agapito* aus dem 15. Jh. warten bei einem Spaziergang zum hinteren Stadttor. Der Festungscharakter Marcianas wird einem hier noch einmal bewußt. Anklänge an die einstige Größe des Städtchens zeigen etwas weiter oberhalb das kleine *Oratorium San Francesco* mit seiner schönen Renaissancefassade und in derselben Straße an einem Palast das eindrucksvolle Wappen von *Grimaldus Bernottus.* Viel mehr blieb nicht, von der Residenz der Appiani sieht man gar nichts mehr, da sie hinter San Francesco in ein Privathaus umgewandelt wurde.

Wandertip

* Wallfahrtskirche Madonna del Monte (672 m)

Man beginnt den circa 30minütigen Aufstieg an der Pisaner Festung und wandert zunächst unter Kiefern, dann über eine Art Treppe weitgehend unter brennender Sonne: der letzte große Waldbrand Elbas vernichtete 1994 größtenteils die Macchia am Monte Giove. Traurig ragen die schwarzen, verkohlten Stümpfe zwischen den Felsen anklagend in den blauen Himmel. Verschont blieben die von zeitgenössischen Künstlern gestalteten 14 Kreuzwegsstationen Christi. Bei einer Verschnaufpause an der 11. Station sollte man nach rechts den Berg hinauf blikken. Der „Adler", wie der Gesteinsbrok-

Verwinkelte Gassen, mit Blumen geschmückt

Das Archäologische Museum bewahrt alte Funde

Hier sitzt man vis-à-vis vom Monte Capanne

3

Seite
51

ken genannt wird, breitet seine Flügel aus und scheint sich ins Meer hinunter stürzen zu wollen. Die seltsamen Gesteinsformationen, *Tafoni* genannt, entstehen durch Wind- und Regenerosionen in Tausenden von Jahren. Bestimmte Teile des Granits lösen sich schneller als andere, so daß sich die eigenartigen Formen und Höhlungen bilden. Der Name stammt vom korsischen *tafonare* (durchlöchern; Buchtip: Nello Anselmi, „Mostri di Pietra dell'isola d'Elba", ein wunderschöner Fotoband der Riesentafoni, auch mit deutscher Beschreibung).

Ist man oben angelangt, laden Picknicktische zum Rasten ein, hinter dem Gotteshaus kann man sich in einem hübschen Oval aus einem der Löwenköpfe frisches Quellwasser ins Gesicht laufen lassen. Um wieder Napoleon zu zitieren (es gibt einfach sonst zu wenige berühmte Elba-Besucher): „Schatten und Wasser, was braucht man mehr zum Glück" soll er hier ausgerufen haben.

Seit dem 15. Jh. verehrte man das wundertätige Bild der Madonna am Hauptaltar. Die Kirche selbst entstand erst 1595, wahrscheinlich auf einer seit heidnischen Zeiten genutzten Kultstätte, wie prähistorische Funde in der Umgebung nahelegen. Die Fresken im Innenraum werden gerade restauriert, so daß sie (wahrscheinlich) 1996 in neuem Glanz erstrahlen. Veranstaltung: Immer am 15. August (Festtag der Madonna) findet eine große Prozession statt.

Ein Pfad führt von der Kirche in circa 10 Minuten zu den Tafoni weiter. Können Sie den Bären, die Pferde oder den Drachen erkennen? Von hier genießt man eine traumhafte *Aussicht bis nach Korsika, zu den Inseln Capraia und Gorgona, selbst zum toskanischen Festland. Tief unten leuchtet das blaue Meer.

———

Man verläßt Marciana Alta Richtung Sant'Andrea. Die Strecke entlang der Westküste zählt zu den schönsten Panoramastraßen Elbas, und einmal sollte sie jeder Besucher der Insel abfahren. Atemberaubende Steilhänge stürzen sich ins Meer, liebliche Ferienorte mit netten Bars laden zum Bleiben ein, eine tolle Aussicht auf die umliegenden Inseln des Toskanischen Archipels überrascht immer wieder. Im noch weniger vom Tourismus berührten Westen Elbas kann man sogar noch mit etwas Glück einem alten Mann mit seinem Esel begegnen.

Begleitet von Edelkastanien führt die Straße zunächst noch an den Talausläufern des Monte Giove entlang, bevor sie sich dem Meer nähert.

Zanca. Der Werbeslogan des noch sehr urtümlichen Ortes könnte lauten: *Ein ganzes Dorf vermietet Zimmer.* Fast an jedem Haus heißt es *appartamenti/camere.* Mit herrlicher Aussicht aufs Meer bis Capraia und davon links Korsika, eingebettet zwischen Weingärten und Feigenkakteen verlebt man hier oben abseits vom Touristenandrang ruhige Ferien.

Eine sehr enge, kurvige Straße führt durch eine typisch mediterrane Landschaft mit Zitronenbäumchen, Schirmpinien, Weingärten und Blumenpracht hinunter ans Meer nach

Sant'Andrea. Das Fischerdörfchen konnte trotz der rasanten Entwicklung zum Ferienort noch ein wenig von seinem ursprünglichen Charakter bewahren. Eingerahmt von steilen grünen Hügeln finden Sonnenanbeter hier ein kleines Paradies. Vom Sandstrand wandert man links entlang zu den riesigen Granitfelsen – von Bucht zu Bucht wird es einsamer. Das grünblaue Wasser glitzert, die Sonne knallt herunter, wer da nicht braun wird, holt sich sicher einen Sonnenbrand. Und sogar eine hübsche Geschichte kann Sant'Andrea vorweisen: Der Vater von Victor Hugo soll hier 1802 als Gouverneur der Insel mit dem Abfeuern einer einzigen Kanonenkugel ein Piratenschiff vertrieben haben.

Tip: Der Küstenabschnitt bei Sant'Andrea gilt als eines der besten Tauchgebiete der Insel.

⌂ Alle Adressen: Ortsteil Sant'Andrea, 57030 Marciana.
Barsalini, ☎ 90 80 13, 🖷 90 82 64.
◷ April–Ende Okt. 20 m vom Strand in Panoramalage, Swimmingpool, phantasievoller, großer Kinderpark, mit kleinem „Zoo". Ⓢ HP
Gallo Nero, ☎ 90 80 17, 🖷 90 80 78.
◷ Mitte April–Mitte Okt. Panoramalage über Sant'Andrea, Tennis- und Kinderspielplatz, weitläufiger Park, Swimmingpool, gepflegte, familiäre Atmosphäre. Ⓢ
Bellavista, ☎ 90 80 15, 🖷 90 80 79.
◷ Mai–Sept. Netter Familienbetrieb im Grünen gelegen, für erholsame Ferien. Ⓢ, Ⓢ HP
Hotel Cernia, ☎ 90 81 94, 🖷 90 82 53.
◷ April–Mitte Okt. Familienbetrieb im

*Die Wallfahrtskirche
Madonna del Monte*

3

Seite
51

Von Madonna del Monte nach Chiessi

In 5–6 Stunden durchquert man bei dieser wunderschönen Wanderung die Insel, immer wieder öffnen sich herrliche Ausblicke. Der Weg ist gut gekennzeichnet, man folgt der Markierung 3.

Der teilweise mit großen Steinen gepflasterte Pfad stellte vor dem Bau der Panoramastraße am Meer die einzige Verbindung zu den Küstenorten Westelbas dar. Man wandert sozusagen auf historischen Pfaden. Zunächst spaziert man auf gleichbleibender Höhe von 500–600 m an der Westflanke des *Monte Giove* entlang durch verkohlte Landschaft. Der Blick erreicht *Zanca* und *Sant'Andrea* am Meer. Nach einer knappen halben Stunde Gehzeit trifft man auf Vegetation, dann blüht und duftet die Macchia wieder. *Patresi* grüßt mit seinem Leuchtturm vom Meer herauf. Die Vegetation wird noch dichter, teilweise geht man nun im Schatten, sogar hohe Bäume säumen den Weg, Bächlein kreuzen den Pfad. Ab einem großen Geröllfeld linker Hand

steigt man bergauf. Nach der Anstrengung gönnt man sich oben eine Pause, bevor es abwärts geht. Rechts führt ein Pfad Richtung *Semaforo,* einem Aussichtspunkt über der Westküste. Man folgt weiter Weg Nr. 3 und läßt die dichte Pflanzenwelt hinter sich. Niedrige Garigue, aufgelockert durch blaue wilde Lupinien, rosa und weiß blühende Baumerika, ab und zu eine Orchidee, säumt nun die Strecke. Längst von der Macchia wieder überwucherte Terrassenfelder zeichnen noch ihre Konturen in die Berghänge. Achtung an einer schwer sichtbaren Abzweigung!

Man muß geradeaus (rechts) weitergehen, nicht links hinunter. Sonst landet man in Pomonte. Der kahle Gipfel von *San Bartolomé* überwacht den Pfad, die Aussicht auf *Chiessi* läßt das Ziel näher rücken. Nach dem steilen Abstieg über große Stufen durch die Weinberge schüttelt man mit einem erfrischenden Bad im Meer alle Anstrengungen wieder ab.

8000 m² großen, schönen botanischen Garten, 200 m vom Strand, auch dort zum Hotel gehörender Garten, Tennisplatz. Ⓢ, Ⓢ HP

🏠 **Il Saraceno,** Pizzeria, im Sommer sitzt man schön im Freien, Kinder erfreuen sich an den Schwänen im Park des Hotels Barsalini. Ⓢ

Tip: Am 7. August findet das Fest des Ortsheiligen San Gaetano statt.

Das Erkennungszeichen von *Patresi* sieht man schon von weitem: den weißen Leuchtturm (im Besitz der italienischen Marine). Eine sehr enge Straße führt an verstreut am Hang gelegenen Häusern hinunter ans Meer. Keine Wendemöglichkeit für Wohnwagen oder Campingbusse! Ein verrosteter Anker, große Steine und absolute Ruhe warten am betonierten Hafen, wo ein Bächlein ins Meer fließt. Felsen laden zum Sonnen und Baden ein.

🏠 Alle: Ortsteil Patresi, 57030 Marciana.
Bel Tramonto, ☎ 90 80 27, 🖷 90 82 80. ⏱ Ende April–Mitte Okt. Ein sehr ruhig gelegener, netter Familienbetrieb im Grünen, mit herrlicher Aussicht aufs Meer, auch Apartments. Ⓢ
Bel Mare, ☎ 90 80 67, 🖷 90 83 12. ⏱ Mitte Feb.–Anf. Nov. Private Atmosphäre im Grünen, wo der Vater die Fische für das Restaurant noch selbst fängt, Fahrradverleih. Ⓢ, Ⓢ HP

Felsgestein, bewachsen mit niedriger Macchia, bildet die Kulisse an diesem Straßenabschnitt. Immer wenn ein kleines Dorf auftaucht, kommen Terrassenfelder mit Weinreben hinzu, wie in *Colle D'Orano.* Wanderungen belohnen hier jedes Mal mit einer traumhaften Aussicht. Man fährt nun oberhalb der Küste entlang – unendlich blau dehnt sich das Meer aus. Bei klarem Wetter dient Korsika als Blickfang.

Halten sollte man nur in den kleinen Parkbuchten, die steil abfallenden Felswände mahnen zur Vorsicht. Vor allem nach Unwettern muß man auch mit

Steinen auf der Straße rechnen. Die Garigue, die nun die Landschaft dominiert, kann nur das lose Gestein nur mit Mühe am Hang halten.

🏠 Villa Rita, Ortsteil Colle D'Orano, 57030 Marciana, ☎ 90 80 95, 🖷 90 80 95. ⏱ Mai–Sept. In schöner Panoramalage, mit Restaurant und Bar. Ⓢ

Am westlichsten Punkt der Insel, *Punta Nera,* fallen die Felsen besonders spektakulär zum Meer hin ab. Die Inseln Korsika und Capraia begleiten den Reisenden schon eine Weile, nun sieht man auch die flach im Meer liegende Insel Pianosa und den Kegel von Montechristo.

Überraschend taucht hinter einer Kurve der kleine Fischerort

Chiessi auf. Im wörtlichen Sinne „auf Granit gebaut" liegen die weißen Häuser eingebettet zwischen Weingärten und türkis schimmerndem Meer. Fast meint man, sie duckten sich vor den hohen Bergen. Die Fischerboote am Strand verleihen dem Ort noch ein wenig von der ursprünglichen Atmosphäre. Breite Granitplatten ziehen Sonnenanbeter an, Taucher sind auf Amphorensuche, denn vor Chiessi sanken in römischer Zeit ebenso Schiffe wie im Mittelalter. In klaren Nächten grüßen die Lichter von Bastia auf Korsika herüber.

Tip: Wanderung nach Marciana Alta (s. S. 57).

Wer nicht ganz so lange unterwegs sein möchte, kann zumindest in die Weinberge aufsteigen, vielleicht bis auf den Gipfel des kahlen San Bartolomè. Es geht zwar steil hinauf, dafür wird man mit einer wunderschönen Aussicht auf Chiessi und dem Duft des Kräutergartens der Macchia belohnt.

🏠 **Il Perseo,** Ortsteil Chiessi, 57030 Marciana, ☎ 🖷 90 60 10. ⏱ März bis Dez. Vom Besitzer geführtes Hotel, direkt an der Hauptstraße, 100 m vom Meer, Panoramaterrasse. Ⓢ, Ⓢ HP

3 Seite **51**

Pomonte. Die Idylle eines kleinen Fischerdorfes ging der römischen Gründung hinter dem Berg *(post montem)* noch nicht verloren. Gerade die niedrigen Häuser am Strand lassen so etwas wie Atmosphäre entstehen. Weinberge, die sich in Terrassen den Hang hinauf ziehen, runden das friedliche Bild ab. Das markanteste Ereignis der Geschichte Pomontes bildet bis heute der Überfall des türkischen Piraten Dragut, der es 1553 dem Erdboden gleichmachte. Auch wenn der Ort über touristische Infrastruktur verfügt, wird man hier vergeblich nach viel Trubel „suchen". Am Strand laden wie in Chiessi Granitplatten und Kieselsteine zum Sonnen und Baden ein, für Taucher ist es auch hier ein Paradies.

Das Fischerdörfchen Sant'Andrea ist ideal für Sonnenanbeter

Tip: Die Wanderung nach Marciana Alta kann man auch von Pomonte aus unternehmen, auf circa 600 m Höhe trifft sich der Weg Nr. 4 mit dem Weg Nr. 3.

🏠 Alle Adressen: Ortsteil Pomonte, 57030 Marciana.
Corallo, ☎ 90 60 42, 🖷 90 62 70.
🕐 April–Mitte Okt. Circa 200 m vom Strand im Grünen gelegen, absolut ruhiger Familienbetrieb mitten im Dorf. $ HP
Da Sardi, ☎ 90 60 45, 🖷 90 62 53.
🕐 März–Okt. 20 m vom Meer, ruhige Lage, der Besitzer kocht selbst typisch elbanische Gerichte. $, $ HP

Steil fällt die Westküste Elbas zum Meer hinab

Villa Mare, ☎ 90 62 21, 🖷 90 62 22.
🕐 ganzjährig, Hotel in Strandnähe, mit Solarium, der Besitzer kocht selbst, viele Fischgerichte. $ HP
L'Ogliera, ☎ 90 62 10, 🖷 90 60 12.
🕐 ganzjährig, direkt neben dem „Corallo" gelegen, mit den gleichen Charakteristika. $

🍴 **L'Ogliera,** ☎ 90 60 12. Nettes Restaurant des gleichnamigen Hotels an der Hauptstraße, Fischgerichte als Spezialität. $

Verleih von Tauchausrüstung und Nachfüllstation für Flaschen:
Lia Mare, Piazza della Chiesa,
☎ 90 60 44.

In den bewirtschafteten Hängen Pomontes

3

Seite **51**

Tip: Jeden Sonntag ist Markt in Pomonte.

Hinter Pomonte wird die Vegetation noch spärlicher. Selbst die niedrige Garigue verschwindet teilweise, nackter Fels tritt hervor. Agaven und Feigenkakteen dominieren, im Frühjahr allerdings zeigt Elba selbst hier seine Blütenpracht. Das Gelb des Ginsters leuchtet vor kristallklarem, blauem Meer. Von einem Aussichtspunkt unmittelbar vor dem Ort besitzt man den besten Blick auf

Fetovaia. Nach Fels, Granit und kahlem Stein glaubt man sich fast in einer Oase. Grün – Blau – Weiß sind die Farben, die hier den Ton angeben: Eine lange grüne Landzunge schützt einen der schönsten weißen Sandstrände der Insel vor den manchmal heftigen Winden, die das blaue Meer aufwühlen. Auch wenn an anderen Stränden Elbas längst niemand mehr ins Wasser geht, hier badet man auch dann noch ungestört. Die Natur meinte es gut mit der kleinen Ansiedlung, die sich innerhalb der letzten Jahre zu einem Ferienzentrum entwickelte.

🏠 Alle Adressen: Ortsteil Fetovaia, 57034 Campo nell'Elba.
Galli, ☎ 98 80 35, 📠 98 80 29.
🕐 Mitte April–Mitte Okt. 200 m vom Strand, Familienbetrieb, Kinderspielplatz. Ⓢ Ⓢ HP
Lo Scirocco, ☎ 98 80 33, 📠 98 80 67.
🕐 April–Okt., sozusagen aus der zweiten Reihe blickt man von der Terrasse herab auf den Strand, im Grünen gelegen. Ⓢ HP
Da Alma, ☎ 98 80 40, 📠 98 80 73.
🕐 März–Okt., direkte Aussicht auf den Strand fast vor der Haustür, die Besitzerin kocht selbst. In der Hauptsaison nur HP, VP. Ⓢ
Montemerlo, ☎ 98 80 51, 📠 98 80 34.
🕐 April–Mitte Okt., schön in einem schattigen Garten gelegenes Hotel, 300 m vom Strand, Kinderspielplatz. In der Hauptsaison nur HP, VP. Ⓢ

🍴 **Bambù,** ☎ 98 70 65. Pizzas direkt am Strand. Ⓢ

Am Strand: Vermietung von Kabinen, Liegestühlen, Tretbooten und Kajaks.

Seccheto. Malerisch liegt der etwas größere Badeort im Halbrund vor den kahlen, im Frühjahr leicht grün schimmernden Bergen und wartet mit seinen Granitfelsen und einem kleinen Sandstrand auf Sonnenanbeter. Romantisch fließt ein kleiner Bach ins Meer; Erholung pur bietet Seccheto seinen Besuchern.

🏠 Alle Adressen: Ortsteil Seccheto, 57034 Campo nell'Elba.
Da Italo, ☎ 98 70 12, 📠 98 72 71.
🕐 Mitte April–Sept. Nettes Hotel in einer ruhigen Nebenstraße, 100 m vom Strand. Ⓢ HP
Da Fine, ☎ 98 70 17, 📠 98 72 50.
🕐 April–Mitte Okt., schöne Aussichtsterrasse, Klimaanlage, kostenlose Liegestühle u. Sonnenschirme am Strand. Ⓢ HP
La Stella, ☎ 98 70 13, 📠 98 72 15.
🕐 Ende März–Mitte Okt. Am Ortsanfang, mit schöner Aussicht auf den Strand. Ⓢ HP

Tip: In den Nebenbuchten wird auch FKK geduldet.

Ausflug

Auf der Suche nach der Säule landet man beim Wein.

Schon die Römer ließen sich die Säulen für ihre prächtigen Tempel aus dem Tal bei Seccheto kommen. Den Granitabbau nahmen die Pisaner wieder auf, und einige Säulen liegen heute noch im Gelände. Man fährt zwischen dem Self Service und dem Hotel Da Fine (am Ortsanfang) die steile Asphaltstraße nach oben. Nach circa 1 km liegt auf der linken Seite hinter einem Wassertank eine 8 m lange von den Pisanern im 12. Jh. gefertigte Säule im Gestrüpp.

Wer die Säule nicht sieht – was auch nicht weiter tragisch ist – und bis zum Ende der Straße weiterfährt (1,9 km), landet in der *Azienda Agrituristica Vallebuia,* ☎ 98 70 35. Die biologisch

3

Seite
51

angebauten Produkte lohnen alleine schon den Schleichweg. Wein, Marmeladen, Olivenöl, Honig und Kosmetika stehen zur Auswahl. Gut essen und ruhige Ferien auf dem Bauernhof kann man im Tal auch verbringen:

Ⓗ Ⓕ **Locanda dell'Amicizia,** Ortsteil Vallebuia/Seccheto, ☏ 98 70 51, 🖷 98 72 77. ⊙ ganzjährig, ländliche Idylle, Ausritte, Ponys und kleiner Zoo für Kinder, Restaurant mit Panoramaterrasse, typisch toskanische Küche. Ⓢ HP

—

Fetovaia besitzt einen der schönsten Sandstrände Elbas, der durch eine Landzunge geschützt ist

3

Seite **51**

Cavoli. Der romantische kleine Ort bietet einen feinen Sandstrand in einer geschützten Bucht, eine angenehm intime Atmosphäre und eine blaue Grotte wie auf Capri gibt es auch. Die Inseln Pianosa und Montechristo liegen malerisch als Blickfang vor der Bucht.

Alle Adressen: Ortsteil Cavoli, 57034 Campo nell'Elba.
Ⓗ **Bahia,** ☏ 98 70 55, 🖷 98 70 20. ⊙ Anfang April–Ende Okt. Neues Hotel mit schöner Aussichtsterrasse, Tennisplatz, Windsurf- und Schwimmschule, Segeln; auch Tanzlokal. In der Hauptsaison nur HP, VP. Ⓢ》
Conchiglia, ☏ 98 70 10, 🖷 98 72 57. ⊙ Mitte April–Mitte Okt. Familien-

Seccheto liegt malerisch im Halbrund vor den Bergen

Elbambiente

Sanfter, umweltverträglicher Tourismus heißt das Ziel der Initiative Elbambiente (Elba-Umwelt), ein Zusammenschluß der Umweltorganisation Legambiente und des Hotelbesitzerverbandes der Insel. Die 10 Ökogebote der Vereinigung für den Touristen bieten Anleitung zum Wasser- und Stromsparen sowie Verhaltensregeln am Strand, die für manche Touristen – aber eben nicht für alle – schon selbstverständlich sind. Die Ökogebote für Hoteliers weisen auf Abfalltrennung, umweltschonende und recyclebare Produkte hin. Ein großer Erfolg war – angesichts der verheerenden Schäden der letzten Jahre – die bereits 1994 organisierte Feuerüberwachung, bei der Freiwillige alle Macchiabrände bis auf einen bei der Kirche Madonna del Monte im Keim ersticken konnten. Allein zwischen 1982 und 1990 gingen 1900 ha Wald verloren, nur 3150 ha blieben übrig. Elbambiente organisiert Wanderungen und Mountainbiketouren, um Touristen die Inselschönheiten mit umweltfreundlichen Verkehrsmitteln nahe zu bringen.
🛈 ILVA – Calata Italia – Portoferraio, ☏ 91 37 54, 91 55 55 oder in den Hotels.

hotel direkt am Strand, schöne Terrasse, Fischspezialitäten. ⑤ HP
Lorenza, ☎ 98 70 54, 🚗 98 70 80, ⏱ Mitte April–Mitte Okt., direkt am Strand, schattige Terrasse. ⑤

🍸 **Club 64,** nette Bar direkt am Strand, in der man auch Snacks bekommt.

Am Strand: Vermietung von Kabinen, Sonnenschirmen, Liegestühlen, Tretbooten.

An der Hauptstraße biegt man hinter Cavoli an der großen Schirmpiercing Richtung „Residence Le Formiche" links ab. Man folgt dem grünen, auf den Fels geschriebenen Pfeil *Nave* nach rechts und landet direkt beim Nave. Dieses unvollendete Granitobjekt hinterließen die Pisaner an diesem idyllischen Flecken der Nachwelt. Offensichtlich sollte es ein Brunnen in Schiffsform werden.

Wieder zurück auf der Hauptstraße, verläßt man die steil abfallende Küste, ein letzter Ausblick aufs Meer, und die Vegetation wird wieder üppiger, Grün und nicht mehr das Weißgrau der Felsen dominiert. Das Getümmel von Marina di Campo kann noch ein wenig warten, zunächst besucht man eines der ruhigsten, noch fast völlig vom Tourismus verschont gebliebenen Bergdörfer Elbas. Kurvenreich geht's hinauf nach

San Piero in Campo.

Auf 227 m Höhe liegt idyllisch dieses liebenswerte Städtchen, das mit der Kirche San Niccolò das bedeutendste Kunstwerk Elbas des Mittelalters aufweist. Das Auto parkt man am besten bei der Kirche, das eigentliche Zentrum erschließt sich ohnehin nur Fußgängern – treppauf, treppab spaziert man durch die kleinen, verwinkelten Gäßchen, sieht hier ein paar alte Männer diskutieren, auf der Piazza die Kinder Fußball spielen, vor den Häusern die Wäsche trocknen, und überall Blumentöpfe mit ihren farbenprächtigen Blüten und duftigen Kräutern.

Geschichte

Die strategisch günstige Lage San Pieros erkannten schon die Römer. Am Aussichtspunkt *Belvedere,* der die Ebene bis zum Meer in Marina di Campo beherrscht, errichteten sie im 1. Jh. n. Chr. dem weissagenden Meeresdämon Glauco einen Tempel.

Bereits in frühchristlicher Zeit entstand – wie häufig in dieser Epoche – auf der heidnischen Kultstätte eine christliche Kirche. Ihr ungewöhnlicher Grundriß, zwei Schiffe mit je eigener Apsis, läßt auf byzantinische Vorbilder und eine Entstehungszeit im 7. Jh. schließen und weist so auf eine Präsenz der Byzantiner auf Elba hin. Die Pisaner, denen San Niccolò sein heutiges romanisches Aussehen verdankt, befestigten den Ort. Und seinen Festungscharakter kann San Piero bis heute ebensowenig verbergen wie der Nachbarort Sant' Ilario. Doch gegen die Piraten Draguts konnten auch die im 15. Jh. unter den Appiani erweiterten Verteidigungsanlagen, die selbst die Kirche San Niccolò mit einbezogen, nichts bewirken: 1553 wurde San Piero weitgehend zerstört. Anfang des 18. Jhs. ließ der spanische Kommandant von Porto Azzurro, Pinel, fast auf der gesamten Insel (Capoliveri, Marciana, Rio nell'Elba, San Piero und Sant'Ilario) die Stadtmauern schleifen, nachdem österreichische Truppen 1708 in diesen geschützten Orten Unterschlupf gefunden hatten.

Wer das eigentliche Zentrum San Pieros heute betritt, kommt sich aber immer noch so vor, als würde er in eine Festung eindringen.

Sehenswürdigkeiten

*****San Niccolò** (oder *Ss. Pietro e Paolo,* wie die Kirche früher hieß) zählt zu den kunsthistorisch interessantesten Sehenswürdigkeiten Elbas. Der heutige äußere Aspekt wird von den mächtigen Bastionen bestimmt, die im 15. Jh. dem Gotteshaus von den Appiani bei der Erneuerung der Befestigungsanlagen hinzugefügt wurden. Man erkennt klar,

Marina di Campo, organisiert auch Babysitter. Ⓢ
Barcarola 2, Via Mascagni, ☎ 97 62 55, 🖷 97 77 47. ◌ Ende Mai bis Ende Sept. 100 m vom Strand gelegen, vom Besitzer selbst geführt mit gepflegtem Garten. Ⓢ
Meridiana, Viale degli Etruschi 69, ☎ 97 63 08, 🖷 97 71 91. ◌ Mitte April–Ende Sept., in schönem Pinienhain gelegen, mit Garten, ruhig. Ⓢ⟩⟩

△ 3 Plätze im Pinienhain am östlichen Ortsrand, Ortsteil La Foce:
Del Mare, ☎ 97 62 37, 🖷 97 78 50. ◌ Ende März–Ende Okt., schattiger Platz, auch für Behinderte, Boots-, Windsurf-, Fahrradverleih, Surf-, Segel- und Tauchschule.
La Foce, ☎ 97 64 56, 🖷 97 73 85. ◌ einziger ganzjährig geöffneter Platz Elbas, schattig, Surf- und Segelschule.
Ville degli Ulivi, ☎ 97 60 48. ◌ Mai bis Sept., 200 m vom Meer gelegener sehr großer Platz mit 50 000 m².

🍴 **Aragosta,** Via Bologna 6, ☎ 97 71 31. Im alten Viertel gelegenes, sehr gutes Fischrestaurant, unbedingt den Cacciucco probieren. Ⓢ⟩⟩
La Triglia, Via Roma 58, ☎ 97 60 59, *triglia* bedeutet *Barbe* und weist schon darauf hin, daß hier ausgezeichnete Fischgerichte dominieren. Ⓢ
La Lucciola, Via degli Eroi 2, ☎ 97 63 95. Eine schöne Strandbar direkt am Meer, in der man auch sehr gut essen kann.

Der **Forno Bertelli,** Via Roma 17, zählt sicher zu den beliebtesten Bäckereien Elbas – für Zwischendurch findet man hier immer etwas Verlockendes. Er führt auch die *Schiaccia briacca* von Muti&Lupi, die als beste der Insel gilt.

Einkaufen:
In der Via Roma reiht sich ebenso wie im Fischerviertel ein Geschäft neben das andere. Schicke Boutiquen wechseln mit Geschäften für Sportartikel und Strandutensilien.
„Bienenprodukte" wie Honig, Kosmetika oder auch natürliche Mückenschutzmittel erhält man in dem kleinen

Marina di Campo bietet alles, was man von einem Urlaubsort erwartet

4

Seite **69**

Die Ausbeute einer Fischfahrt

Auch der weitläufige Strand von Marina läßt keine Wünsche offen

Laden Ecke Via Donizetti/Piazza dei Granatieri (Parkplatz). Jeden Mittwoch findet auf diesem Parkplatz ein bunter Markt statt.

Am Abend:
Da Giannino, Live-Musik in der Bar in Flughafennähe.
Tinello, Live-Musik in der Disko-Bar beim Flughafen.

Tip: Alle die Muränen, Rochen oder den bizarren Drachenkopf lieber hinter Glas sehen, als ihnen im Meer zu begegnen, haben im **Aquarium M 2** dazu Gelegenheit. Man verläßt Marina di Campo Richtung Lacona und sieht schon von weitem die moderne Anlage rechts am Hang. Mehr als 150 Meerestiere kann man in den Becken bewundern. Krebse, Hummer und Krabben, die man sonst meist nur auf dem Teller zu Gesicht bekommt, kann man hier einmal im Wasser beobachten. Nicht nur für Kinder eine lohnenswerte Abwechslung vom Strand! Wer will, kann abends in der Disko um die Fischchen tanzen! Ein ausführliches Merkblatt, das den Besucher durchs Aquarium führt, gibt es auch auf Deutsch. ◷ 9 bis 13, 15–22.30 Uhr, ☎ 97 78 81.

Jede Person, die den aufliegenden Prospekt mitnimmt, erhält im Mineralienmuseum Alfeo Ricci in Rio nell'Elba eine Ermäßigung.

Veranstaltung: 7./8. August – Fest des Stadtheiligen San Gaetano.

—

Durch dichte Macchia fährt man in vielen Kurven hinauf Richtung Lacona, und auf der anderen Seite in genauso vielen Kurven wieder hinunter, immer begleitet vom Duft der Macchia.

Lacona. Der wunderschöne lange Sandstrand eingerahmt von grünen macchiabewachsenen Hügeln und den mächtigen Schirmpinien, die bis an den Stand heranreichen: das ist Lacona. Der Ort an sich existiert eigentlich gar nicht. Die lose Ansammlung von Restaurants, Hotels und Campingplätzen gruppiert sich eher zwanglos in

der zweiten Reihe, bildet nur die nötige Infrastruktur. Eigenleben konnte sie noch keines entwickeln. Im Winter hat man das gesamte Gebiet, einschließlich Strand, für sich alleine.

Im Sommer wird auf dem Sand so ziemlich alles angeboten, was man nur anbieten kann. Der neueste Schrei, Beach Fly, findet sich selbstverständlich auch schon. Baden, sich sonnen, einen Drink in der Bar, der Urlaub vergeht wie im Fluge, aber nächstes Jahr dann, gleiche Zeit, selber Stellplatz für den Wohnwagen, man sieht sich wieder. So ist das halt, irgend etwas zieht einen jedes Jahr wieder magisch an diesen elbanischen Traumstrand.

Wer genug vom Strandleben hat, dem bietet sich eine hübsche Alternative. Man braucht sich nur wenige hundert Meter ins Landesinnere zu begeben, schon scheint sich eine völlig andere Welt, meilenweit weg vom Meer, zu öffnen. Die kleine Straße, die die Ebene Laconas vor den Hügeln durchquert und parallel zur Hauptstraße läuft, bringt einen mitten hinein ins toskanische Hügelland. Weingärten, Olivenhaine, Schirmpinien und Gemüsegärten lassen an das Chianti-Gebiet denken.

Agaven verleihen der Landschaft ein südliches Flair, gerade im Mittelteil Elbas sollte man immer mal wieder einfach ein Sträßchen „ausprobieren", das wenig besuchte, unbekannte Elba entdecken. Bauern verkaufen hier auch gern ihre frischen Waren direkt!

Alle Adressen: Ortsteil Lacona, 57031 Capoliveri.

❶ siehe Capoliveri.

🏨 **Hotel Lacona,** ☎ 96 40 54, 🖷 96 41 89. ◷ Ende April–Ende Sept. Wunderschön ruhig gelegen, 150 m vom Meer, Tennisplatz, Swimmingpool. Ⓢ
Capo Sud, ☎ 96 40 21, 🖷 96 42 63. ◷ Mitte Mai–Sept. Über einen Hügel sind die einzelnen Häuser des Hotels in völliger Abgeschiedenheit verstreut,

man badet nicht mehr in Lacona, sondern in der nächsten Bucht, am Kieselstrand von Margiodore. Ⓢ HP
Capo di Stella, ☎ 96 40 52,
🖷 96 42 20. 🕔 Anf. April–Anf. Okt.
Herrlich ruhig gelegen am Strand von Margiodore, Swimmingpool; von hier erreicht man zu Fuß kleine Buchten, die man alleine genießen kann. Ⓢ

△ **Stella Mare,** ☎ 🖷 96 40 07 (im Winter ☎ 96 40 51). 🕔 April–Mitte Okt. Schöner schattiger Platz, der die ganze kleine Halbinsel im Süden von Lacona einnimmt, FKK-Strand, Kinderspielplatz. Ⓢ
Valle Santa Maria, ☎ 96 41 88,
🖷 96 43 55 (im Winter ☎ 96 40 51). 🕔 April–Okt., direkt am Meer, schöner schattiger Platz, Tennisplatz, auch für Behinderte geeignet. Ⓢ
Tallinucci, ☎ 96 40 69, 🖷 96 43 33 (im Winter ☎ 96 40 66). 🕔 Ostern bis Okt., direkt am Meer, schattiger Platz, Tennisplatz. Ⓢ
Laconella, ☎ 🖷 96 42 28 (im Winter ☎ 96 41 43). 🕔 April–Okt. Am kleinen Hügel zwischen den Buchten Lacona und Laconella gelegen, idyllisch, abgelegen und ruhig, fast ein Privatstrand hinter der Punta della Contessa; Kinderspielplatz; von der Terrasse der Pizzeria genießt man eine herrliche Aussicht auf den ganzen Golf von Lacona.

🏠 **Giardino,** ☎ 96 40 59. 🕔 Mai–Sept. Ruhig gelegenes, familiäres Hotel, man glaubt sich inmitten der toskanischen Hügellandschaft und befindet sich nur 100 m vom Meer weg. Ⓢ HP

Tips:
Lacona Park, ein Kinderparadies, wo man nicht genug herumtollen kann; Minigolfplätze, Kicker, Bocciabahn, Zugang zum Strand; Gokartbahn: Gegenüber dem Lacona Park, Sa u. So ab 14 Uhr geöffnet, im Hochsommer auch werktags.

Vielleicht eine Keramikmadonna für zu Hause? **Il Coccio,** gegenüber der Pizzeria Elbolanda führt eine reiche Auswahl an toskanischen Keramiken.

Alles was man für den Strand braucht

Seite 69

Ruhe und Entspannung findet man am Golf von Stella

Mit dem Boot die Küste entlang – ein schönes Erlebnis

Jeweils am Sonntag vormittag findet ein Straßenmarkt in Lacona statt.

Da Ledo, ☎ 96 42 69. Bar am Ende der Stichstraße mit Billard, Flipper, Videospielen. Gleichnamiges Restaurant direkt daneben; man genießt sehr gute Pizzen und Fischgerichte auf der Terrasse. Ⓢ

Pizzeria Elbolanda, ☎ 96 40 10. Pizzeria und gutes Restaurant, man sitzt gemütlich im Freien unter einer Pergola und schwingt vielleicht das Tanzbein – im Sommer Live-Musik am Abend. Ⓢ

Für den kleinen (und größeren) Hunger zwischendurch versorgt man sich am besten in der Rosticceria **Il Capriccio,** ☎ 96 41 04, die eine reichhaltige und wohlschmeckende Auswahl (auch zum Mitnehmen) wie Pizza, Muscheln, Kaninchen, Lasagne, Hähnchen etc.

aufweist. Die Rosticceria befindet sich hinter der Bar „Da Ledo".

Am Strand: Vermietung von Sonnenschirmen, Liegestühlen, Kajaks, Surfbrettern, Tret- u. Ruderbooten; Wasserski; Segel-, Surf-, Kajakschule.

Tauchschule: **Centro Sub,** ☎ 96 41 75. ⓒ Ostern–Sept., auch Flaschenfüllung, am besten nach Fabrizio fragen.

Und wieder einmal überrascht die Strecke mit herrlichen Ausblicken, die teilweise steil ins Meer abfallenden Landzungen und Felsvorsprünge umspült die weiße Gischt der Brandung, blau das Meer, grün die Macchia. Man läßt den Strand von *Norsi* zurück und fährt nun durchs Landesinnere. An der Hauptstraße Portoferraio – Porto Azzurro biegt man rechts ab, um etwas später den Stichweg zum *Lido di Capo-*

4

Seite **69**

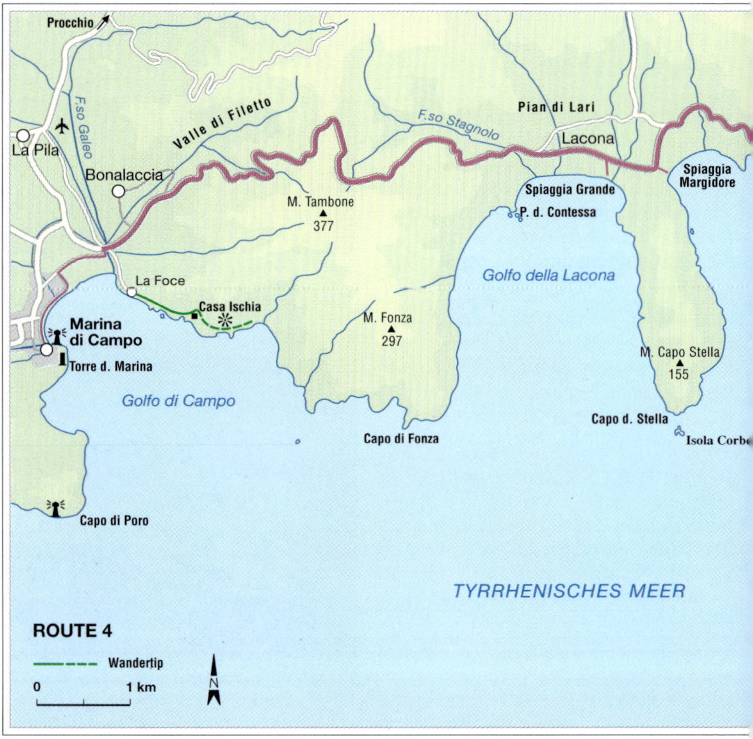

ROUTE 4

----- Wandertip

0 ———— 1 km

N

liveri abzufahren. Ein breiter weißer Sandstrand und eine sehr gute Pizzeria laden Besucher ein, einige Tage mit Sonne und Spaß dort zu verbringen.

🏠 **Baia del Sole,** ☎ 94 00 72, eine Bar, Pizzeria, Restaurant direkt am Meer; der Holzkohlenofen steht mitten im gemütlich eingerichteten Speisesaal; im Sommer große Terrasse im Freien; empfehlenswert die *Pizza Vegetariana* mit viel Gemüse. Ⓢ

△ **Le Calanchiole,** Ortsteil Calanchiole, 57031 Capoliveri, ☎ 93 34 88 (im Winter ☎ 92 01 26), 📠 94 00 01. ⏲ Ostern–Mitte Okt., schattiger Platz direkt am Meer, Spielplatz, Supermarkt, Pizzeria etc.

Lust auf eine Brotzeit bekommen? Die Produkte der Azienda Agricola „Sapere" reichen von deftigen Würsten über

Seite 69

4

Schafskäse bis hin zu Weinen aus eigenem Anbau. Apartments, Swimmingpool und Reitstall laden auch zu längeren Ferien auf dem Bauernhof ein (Zufahrt an der 2. Tankstelle; Ortsteil Mola, 57036 Porto Azzurro, ☎ 9 50 33, 📠 9 50 64). Am Rande der fruchtbaren Ebene von Mola schlängelt sich die Straße hinauf nach

*Capoliveri

(2435 Einw.). Dominant erhebt sich das kleine Bergdorf auf 167 m über der Ebene. Das reizvolle Städtchen zeichnet sich durch sein geschlossenes Stadtbild, nette Lokale und Geschäfte aus. Durch die vielen Deutschen, die in den 70er Jahren ihre Liebe für den Ort entdeckten und ihn zu ihrem Zweitwohnsitz wählten, wurde die alte Bausubstanz vor dem endgültigen Verfall bewahrt. Dies führte dazu, daß Capoliveri im Gegensatz zu den meisten anderen Bergdörfern Elbas nicht nur von Alten bewohnt wird, sondern mit seinen Arbeitsmöglichkeiten auch für junge Elbaner ein Anziehungspunkt geblieben ist. Das einst abgeschlossene Bergstädtchen zählt heute zu den „internationalisiertesten" Orten Elbas.

Geschichte

Schon unter den Römern als *Caput liberum* („Freiheitsgipfel") gegründet, wurde dieser Freiheitswille zum Markenzeichen der Bewohner. In der Antike gingen Gesetzesbrecher straffrei aus, die es bis auf diesen Gipfel schafften – eine Art Asylpraxis, wie sie auch in mittelalterlichen Kirchen galt.

Die Langobarden hinterließen in der Umgebung einige der wenigen Zeugnisse ihrer Präsenz auf Elba: die Ortsbezeichnung *gualdus* (Wald) und ihren Lieblingsheiligen, Michael, der Pate bei der Namensgebung für die heutige Friedhofskirche stand. Die Pisaner errichteten die *Chiesa San Michele* in der 1. Hälfte des 12. Jhs. neu. San Michele ist damit das älteste erhaltene Beispiel Pisaner Romanik auf Elba. Den Pisa-

nern verdankte Capoliveri auch seine Befestigungsanlagen. Doch dem Angriff Cheir ed-dins 1544 hielten die Mauern Capoliveris nicht stand. Das Städtchen wurde geplündert und gebrandschatzt, da sich Jacopo V. geweigert hatte, den Sohn des Türken Sinan Pascha und einer Christin an Cheir eddin herauszugeben. Nach der Katastrophe von Capoliveri gab der Appiani den Jungen allerdings schleunigst zurück, und der gefürchtete Barbarossa zog tatsächlich mit seinen Truppen ab.

Seine Stadtmauern verlor Capoliveri erst im 18. Jh., der spanische Kommandant von Porto Azzurro, Pinel, ließ sie schleifen: 1708 hatten österreichische Truppen, die versuchten die Spanier aus Elba zu vertreiben, hinter den Mauern Capoliveris Schutz gefunden. Dies sollte nicht ein zweites Mal geschehen. Selbst gegen Napoleon revoltierten die Bewohner. Sie weigerten sich als einzige, dem Kaiser neue Steuern zu zahlen – allerdings vergeblich.

Sehenswürdigkeiten

Eigentlich müßte das ganze Städtchen hier angeführt werden, denn nicht ein einzelnes Gebäude, sondern das geschlossene Ensemble für sich ist die Hauptsehenswürdigkeit.

Den ganzen Ort, seine Lebendigkeit und Lebensfreude verkörpert die Piazza. Die Bars mit ihren kleinen Tischchen im Freien sind stets gut gefüllt, die alten Männer diskutieren auf den Bänken gleich daneben, und die Jugend versammelt sich am Mäuerchen des Platzrandes. Sie besetzt den aussichtsreichsten Punkt: die roten Dächer, die grünen Weinberge drum herum und der Blick aufs Meer lassen einen so schnell nicht wieder los. Man spaziert von der Piazza die Bummelmeile Via Roma entlang bis zu einem weiteren hübschen Aussichtspunkt.

Verläßt man die Stadt Richtung Golf von Mola, kann man die Reste der romanischen Kirche **San Michele** betrachten. Seit dem sie Anfang des

19. Jhs. zur Friedhofskirche umgebaut worden war, bestehen diese Reste der einst prächtigsten Kirche der Romanik Elbas leider praktisch nur noch aus der schönen Apsis. Man erkennt noch gut die typischen Blendarkaden, die abwechselnd auf Lisenen und Konsolen ruhen. Die Ruine verfällt leider langsam vor sich hin ...

Veranstaltung: Karfreitagsprozession mit Kreuzigung auf der Piazza.

14. Juli – Festa dell'Innamorata: In der kleinen Bucht an der Westküste der Halbinsel Calamita findet ein Fest mit Lichterprozession auf dem Meer statt, um an die traurige Geschichte zu erinnern, die laut Legende der Bucht ihren Namen *Verliebte* gab: Lorenzo, der Geliebte Marias, wurde von Piraten während der Weinernte gefangengenommen. Als Maria ihn befreien wollte, stürzte sie bei dem Versuch ins Meer und ertrank. Einzig ihr blauer Schal wurde nach vier Tagen ans Ufer gespült ... Während des Festes wird diese Geschichte bis zum Sturz der Geliebten ins Wasser nachgespielt.

Juli–August: Konzerte auf der Piazza, meistens Jazz.

Alle Adressen: 57031 Capoliveri.

❶ **Agenzia T. Della Lucia,** Via Mellini 9, ☎ 93 51 17, 🖷 93 51 84, reiche Auswahl an Apartments im Gemeindegebiet von Capoliveri zu dem die Buchten von Lacona, Morcone, Pareti, Innamorata und Naregno zählen.

🏠 **Sommertime,** Via Roma 56, ☎ 93 51 80, sehr intimes kleines Lokal, im Sommer sitzt man direkt „im Leben" auf der Via Roma, unbedingt versuchen sollte man die „Totani alla diavola". $⟩⟩.
Ziodiac, in der Bar serviert der sympathische schottische Wirt warme Panini, kleine Pizze und Hot Dogs.
Cico Cico. Für den kleinen Hunger sollte man eine der Piadine, flache Brötchen, die eigentlich typisch für die Emila-Romagna sind, probieren, z. B. mit Käse und Rucola, Via Roma 20.

Das Bergdorf Capoliveri aus der Ebene betrachtet

4

Seite **69**

Die Piazza ist das Zentrum von Capoliveri

Einmal auf der Piazza kurz innehalten

Tip: Jeden Donnerstag Markt. An Sommerabenden ziehen sich Stände von Schmuckverkäufern und Kunsthandwerkern die Via Roma entlang.

Einkaufen:
Zapata, Via Roma 17, der frische Ledergeruch steigt einem sofort in die Nase, wenn man den Laden betritt, um eine der schönen, handgemachten Taschen näher zu betrachten.

La Bottega di Dorothy, Via Roma 94, eine wirklich nette Kinderboutique.

Aurora Souvenirs, Via Roma 4, falls Sie jetzt schon zwei Wochen auf Elba sind und immer noch kein seltenes Mineral, möglichst schon zur Kette verarbeitet, gefunden haben: hier gibt es sie.

Nachtleben:
Sugar Reef, wohl die beste Live-Musikbühne auf Elba, in toller Panoramalage über dem Meer, Richtung Morcone, Ortsteil La Trappola.

Decò, Disko, ebenfalls Ortsteil La Trappola.

Fandango, winzige Bar in Capoliveri unterhalb der Piazza, im Sommer stehen sowieso alle vor der Tür und lassen sich mit Pecorino und toskanischer Salami vom Sieneser Besitzer verwöhnen.

Peter, Via Cavour, ein deutsches Bierlokal, in dem die Italiener spät abends noch gern vorbeischauen.

Mandel, Diskothek an der Straße Richtung Morcone.

Morumbi, riesige Disko mit brasilianischen Speisen und lateinamerikanischer Musik, an der Straßenkreuzung in La Mola.

—

Besuch der Halbinsel Calamita

Die wundervolle Aussicht bei dieser Fahrt bis zur Fattoria Ripalte belohnt für die mühselige Rumpelei auf der Schotterpiste. Die Sonne brennt auf die Straße hernieder, weiß wirbelt der Staub in die Höhe, das tiefblaue Meer funkelt im Sonnenlicht, gelber Ginster überwiegt im Frühjahr bei weitem in der grünen Macchia. Immer wieder wartet ein neuer Ausblick, bis endlich die Fattoria auftaucht. Man sollte einfach einem der vielen Wege folgen, sich treiben lassen, und die Natur in vollen Zügen genießen.

Fattoria Ripalte, Ortsteil Costa dei Gabbiani, ☎ 93 51 22. Apartmentsiedlung im Grünen, Urlaub abseits von allem Trubel. Reiten, Wandern, Schwimmen, für sportliche Aktivitäten ist gesorgt. Insgesamt 450 ha umfaßt die Anlage mit einsamen Buchten, Felsen und Pinienwäldern. Im stilvollen Ambiente des Restaurants speist man hervorragend unter hohen Deckengewölben. ⑤

—

Parallel zur Schotterpiste führt eine asphaltierte Straße am Hügel die Küste entlang zu wunderschönen kleinen Badebuchten. Herrliches Wasser, Sonnenschirme, Surfbretter, Tauchschulen, kleine Bars und Apartments in der Macchia im Grünen: abseits von den Hauptstränden kann man auch in *Morcone, Pareti* oder *Innamorata* erholsame und sportliche Ferien verbringen. Gerade für Familien bieten die zahlreichen Apartmentsiedlungen preisgünstigere Ferien.

Man verläßt Capoliveri Richtung Morcone und zweigt dann ab zur *Wallfahrtskirche Madonna delle Grazie* im gleichnamigen Ortsteil. Inmitten einer ländlichen Idylle wurde die Kirche im 16. Jh. für ein Marienbild errichtet, das türkische Piraten geraubt und anschließend auf offenem Meer über Bord geworfen hatten. Auf wunderbare Weise blieb es vom Salzwasser unzerstört. Die Fischer, die es fanden, kenterten in dieser Bucht: ein eindeutiger Fingerzeig Gottes, daß hier die neue Kirche entstehen sollte. Oleander rahmen das Plätzchen ein, die kleine Kuppel und der nette Turm, das schöne Barockportal und Tuffgestein bieten fürs Auge eine angenehme Abwechslung.

Villa Le Grazie Est, Ortsteil Madonna delle Grazie, 57031 Capoliveri,

Die Dorfkirche von Capoliveri

☎ 93 91 29, 🖶 93 51 61. ⏱ ganzjährig. Eine schön in den Pinienhain am Hang eingebettete Anlage mit gepflegtem Garten.

Mediterrane Landschaft begleitet die Fahrt am Hügel entlang. Die Sonne brennt heiß herunter, die Abkühlung am Strand von *Morcone* ist willkommen. Geschützt liegt die Bucht umrahmt von Pinien im Hintergrund, das kunterbunte Treiben am Meer scheint so gar nicht zur Idylle zu passen.

Alle Adressen: Ortsteil Morcone, 57031 Capoliveri.

ℍ **La Scogliera,** ☎ 93 52 05, 🖶 93 52 04. ⏱ Mitte Mai–Sept. In netter Lage liegt das Haus am Hang. Ⓢ
Drago Residence, ☎ 96 84 29, 🖶 96 89 42. ⏱ Anf. April–Ende Okt. Eine herrlich leuchtende Bougainvillea deckt das Apartmenthaus am Strand fast zu, Pinien wachen rundherum.
⚠ **Croce del Sud,** ☎ 96 86 40 (im Winter ☎ 91 62 47). ⏱ April–Mitte Okt. 300 m vom Meer, schattig, mit Kinderspielplatz, auch Bungalows.
ℍ **Drago,** direkt am Strand hat man von der Terrasse eine herrliche Aussicht über die Bucht. Ⓢ

Ein hübscher kleiner Sandstrand wartet in der nächsten Bucht, in *Pareti*. Die hohen Pinien und die Felsen an den Buchträndern unterstreichen die einladende mediterrane Atmosphäre.

ℍ **Stella Maris,** Ortsteil Pareti, ☎ 96 84 25, 🖶 96 80 10. ⏱ Mitte April–Mitte Okt. In toller Lage direkt am Meer gelegen ist das Haus ideal für Erholungssuchende. ⓈⒽ HP Im danebenliegenden Restaurant speist man ausgezeichnet. Ⓢ

An die Eisentradition Calamitas erinnert die letzte Badebucht, *Innamorata*. Die grüne Macchia konnte die verrostenden Anlagen noch nicht wieder ganz überwuchern. Zum Greifen nahe setzen die Zwillingsinselchen den malerischen Akzent, nur wenige Häuser ziehen sich am Hügel hinauf.

ℍ **Villaggio Turistico Innamorata,** Ortsteil Innamorata, ☎ 93 91 04. Sehr schön in die Natur eingepaßte Apartmentanlage.

Wandertip

Wanderungen auf der Halbinsel Calamita

In circa 1 1/4 Stunden erreicht man von Capoliveri aus die Radioantenne auf dem höchsten Punkt der Halbinsel (413 m). Der Spaziergang wird von einem herrlichen Panorama begleitet, nach allen Seiten genießt man einen uneingeschränkten Blick auf die Insel. In Capoliveri folgt man dem Schild „Escursione panoramica" am Platz vor dem Rathaus (municipio) und steigt die Via Gustav Blankenagel hinauf. Der Feldweg wird zeitweise zur Schotterpiste. Erst bei der Antenne wartet ein erfrischender Kiefernwald. Richtung offenes Meer liegen die Inseln Pianosa (flach) und Montecristo (Bergkegel).

Eine größere Halbtagestour führt um die ganze Halbinsel Calamità herum. Entweder man bleibt auf der auch von Autos stark befahrenen Schotterpiste, oder man braucht sehr viel Orientierungssinn.

Die Wanderwege sind schlecht gekennzeichnet, und die alten Minenstraßen gehen im wahrsten Sinne des Wortes kreuz und quer durch den Wald! Man kann sich leicht verlaufen. Ohne große Höhenunterschiede zu meistern, durchquert man hohe Kiefernwälder, zum Meer hin ist gerade im Frühjahr in allen Farben blühende Macchiagewächse. Überall schimmert die rote Erde unter der grünen Decke durch. Friedlich und idyllisch wirken die stillgelegten Minen. Ziel der Wanderung ist die Fattoria Ripalte, wo man sich bei herzhaften Salami- und Käsepanini für den Rückweg stärken kann.

Tip: Sehr gut ausgeschildert ist hingegen der Rundweg für Mountainbike-Touren, der ebenfalls in Capoliveri beginnt.

Route 5

Der Fischerhafen von
Porto Azzurro

Die Eisenregion

An einem heißen Sommerabend kommt man sich am Hafen von Porto Azzurro vor wie auf dem Marienplatz in München an einem verkaufsoffenen Samstag – in dem kleinen Bergort Rio nell'Elba findet man degegen noch eine wohltuende Stille. Jeder kann auf dieser Route seine ganz eigene Welt finden ... auch eine, die seit mehr als 2000 Jahren die Spuren des Erzbergbaus aufweist. Glitzernde Strände und fast unberührte Macchia kennzeichnen die Eisenregion, rostrote Erde und verrostende Verladestationen der Minengesellschaften strahlen eine ganz eigene Faszination aus.

Die Altstadt mit ihren Geschäften
lädt zum Flanieren ein

Von Capoliveri geht es hinunter in die Ebene von *Mola*. Bauernland breitet sich vor den Augen aus, jedes Stückchen wird für die Landwirtschaft genutzt. Wein und Gemüse kann man direkt beim Erzeuger erwerben. Ca. 100 m bevor man die Hauptstraße erreicht, fährt man rechts an der Bucht von Mola entlang nach *Naregno*. In dem kleinen Ferienzentrum verlockt der Sandstrand zum Baden, Segler und Surfer finden ruhiges Wasser in dieser geschützten Bucht. Tauchschule, Surfbrettverleih, Hotels und Apartments sorgen für die nötige Infrastruktur.

Wer genug vom Strandtrubel hat, kann einen wunderschönen 10minütigen Spaziergang durch schattenspendende Schirmpinien zwischen Ginster und Kräutern zum *Forte Focardo* (Militärbesitz, daher unzugänglich) unternehmen. Der Pfad beginnt am Strandende an den drei Stufen links von der Tauchschule. Von dem Forte aus öffnet sich der schönste Blick auf Porto Azzurro mit seiner Festung Longone. Man überblickt die ganze Bucht, fast

Abendessen „al fresco" garantiert
Urlaubsstimmung

senkrecht stürzen die Felsen rund um die kleine Halbinsel ins Meer. Wie die Lage von Forte Focardo bereits erkennen läßt, wurde er zwischen 1678 und 1680 errichtet, um zusammen mit Longone den Zugang zur Bucht zu schützen und Angreifer ins Kreuzfeuer nehmen zu können. 1646 eroberten die Franzosen Longone, und erst 1650 konnten sie die Spanier wieder vertreiben. Diese Episode machte ihnen deutlich, daß ihre Besitzungen auf Elba einen besseren Schutz dringend benötigten. Die Insel spielte in der Strategie der Spanier eine entscheidende Rolle, da sie die Verbindungslinien zwischen den spanischen Territorien Italiens – Süditalien, Stato dei Presidi (Monte Argentario, im Süden der Toskana), Insel Sardinien und Lombardei – mit sicherte. Der Vizekönig von Neapel, Don Fernando Gioacchino Foscardo, beauftragte den Ingenieur des Stato dei Presidi, Alejandro Piston, mit dem Bau der Festung. Sein Name *Foscardo* blieb als *Focardo* am Forte der Nachwelt erhalten. Das romantisch mit Kapern und Zistrosen bedeckte Mauerwerk, das herrlich kristalline Wasser unten, ein angenehm erfrischendes Bad zum Abschluß läßt endgültig alles Militärische vergessen. Pfade führen zwischen den Schirmpinien hinunter zum Meer.

Alle Adressen: 57031 Capoliveri, Ortsteil Naregno.

🏨 **Frank's,** ☎ 96 81 44, 🖷 96 84 05. 🕐 Juni–Sept. Das Hotel vermietet auch Apartments, am Abend Live-Musik. Ⓢ HP
Elbazzurra, ☎ 93 51 51, 🖷 96 70 62. 🕐 Anf. Mai–Anf. Okt. Apartmentanlage direkt am Strand, mit einer sehr breit gefächerten Club-Animation, auch Mini-Club für Kinder.

Segelschule und Surfbrettvermietung: Centro Velico Naregno, ☎ 96 87 64.

An der Bucht von Mola entlang fährt man zurück zur Hauptstraße Portoferraio–Porto Azzurro. Ein, zwei Kurven am Meer entlang und die Postkartenkulisse liegt einem zu Füßen.

Porto Azzurro

(3111 Einw.). Nicht eine bestimmte Sehenswürdigkeit, sondern das Ensemble insgesamt macht den Charme des kleinen Fischerhafens aus. Die Boote dümpeln an der Mole, die Altstadt lädt zum Bummeln ein. Kleine Sträßchen, Treppenstufen führen nach oben, überall leuchten die Geranien. Sehen und gesehen werden, dafür scheint das Städtchen wie geschaffen. Die große Piazza Giacomo Matteotti direkt am Hafen bildet den Mittelpunkt bei dieser Show. In den Cafés, Eisdielen und Restaurants, die sie auf drei Seiten umgeben, sitzt man in der ersten Reihe, um dem Schauspiel beizuwohnen.

Im Hochsommer herrscht hier bis spät nachts eine fröhliche, erwartungsvolle Atmosphäre wie bei einer Premiere, auch wenn jeden Abend das gleiche Stück gegeben wird. Das „Haus" ist jedenfalls immer zum Bersten gefüllt. Boutiquen, Souvenir- und Mineralienläden bieten ihre Waren an der Meerespromenade, in der parallel dazu liegenden Straße (Via D'Alacon) sowie in den kleineren Gäßchen der hinteren Altstadt an. An Cafés, Bars, Restaurants herrscht nirgends Mangel, man braucht nur zu wählen.

Geschichte

Und fast wäre aus der touristischen Entwicklung von Porto Azzurro nichts geworden. Seit 1858 sitzen nämlich in der oberhalb der Stadt gelegenen Festung Longone Italiens schwere Jungs ein, und *nach Porto Longone in Urlaub fahren* war eine sehr zweideutige Sache. Erst eine Namensänderung nach dem Zweiten Weltkrieg in *Porto Azzurro* (Blauer Hafen) beseitigte dieses Problem. 1603 erbauten die Spanier die mächtige Festung Longone auf dem 70 m über dem Meer liegenden Felsen an dem langen *(lungo – longone)* Hafen. Als Länge, einem fünfeckigen Stern als Grundriß und mächtigen Bastionen sollte Longone Spaniens Anspruch auf diesen Teil der Insel unterstreichen. Im 16. Jh. begnügten sich die Spanier noch mit kleineren Besatzungstruppen, aber nach dem Tod des letzten legitimen Appiani fürchteten sie eine zunehmende Machtkonzentration in den Händen der Großherzöge der Toskana (die ja schon Portoferraio besaßen) oder beim deutschen Kaiser, dem Elba als Reichslehen nominell unterstand. Besser gleich deutlich machen, daß man selbst auch Ansprüche besaß: in nur zwei Jahren war Longone fertig. Über 3000 Mann Besatzung legten sie in die Festung, eine Kolonie, die das Leben des Ortes beherrschte, spanische und neapolitanische Offiziere und Bürokraten gaben den Ton an und hinterließen ihre Namen bis heute im Telefonbuch. Die Bevölkerung fand Arbeit in der Versorgung der Truppen.

Ein kleiner Plausch so zwischendurch

Die Wiedervereinigung des spanischen Territoriums mit dem Rest der Insel im Jahre 1802 brachte für Porto Azzurro wirtschaftlichen Niedergang und Verschwinden in der Bedeutungslosigkeit, die Einrichtung des Gefängnisses in Longone änderte diese Situation nicht. Erst der Touristenboom nach dem Zweiten Weltkrieg ließ das Städtchen neu erblühen.

5

Seite 81

Selbstverständlich kann Longone nicht besichtigt werden – außer man nimmt dort für lange Jahre seinen Aufenthalt. Aber auch die äußeren Bastionen vor dem eigentlichen Eingang bieten einen wunderschönen Blick hinunter auf Hafen und Stadt.

Fauna und Flora in einer Gasse von Porto Azzurro

Tip: **Piccola Miniera,** an der Straße nach Rio Marina. Nicht nur Kinder vergnügen sich in der 250 m langen, naturgetreuen Kopie eines Bergwerksstollens mit originaler Ausstattung. Kurz vor Ende der Fahrt wartet eine wirklich schöne Überraschung! Die Mineraliensammlung verdient durchaus eine Besuch, und wer will, kann im Laden darüber einige schöne (Schmuck-)Stücke erwerben.

🕐 tgl. 9–13, 14.30–20, 21–23 Uhr, in der Vorsaison nur bis 19 Uhr, im Winter geschl.

In der Umgebung von Porto Azzurro wird Wein angebaut

Ein Erlebnispark für Kinder liegt nur knapp 1 km außerhalb von Porto Azzurro an der Straße nach Rio Marina. Die nette Anlage des **Parco Giochi Amadeus** erfreut die ganz Kleinen mit Autoskootern, kleinen Tretbooten, größere „Kinder" mit Minigolf und Billard sowie Live-Musik am Abend.

Alle Adressen: 57036 Porto Azzurro.

🛈 Reisebüro **Adamas,** Via D'Alacon 60 (parallel zur Hafenpromenade), ☎ 95 78 77.

🏨 **Due Torri,** Via XXV Aprile, ☎ 9 51 32, 📠 95 77 97. 🕒 März–Okt. Kleines Familienhotel mit Restaurant und Snack-Bar im Zentrum von Porto Azzurro. 💲, 💲 HP

🏨 **Delfino Verde,** Via Vitaliani 1, ☎ 9 51 97. Auf Stelzen in den Hafen gebautes Restaurant, die Wellen rauschen während des vorzüglichen Essens. 💲
Arco Antico, eine nette Mischung aus Cocktail-Bar, Enoteca und Café, wo man auch Panini und Toasts erhält. Via d'Alarcon 40 (parallel zur Hafenpromenade)
Lo Scoglio, ein sympathisches Lokal, das Bitburger vom Faß ausschenkt und hervorragende Bruschette serviert. Man sitzt gemütlich an Holztischen im Freien.

Einkaufen:
Jeden Samstag: Markt. Im Hochsommer findet in den Straßen der Altstadt jeden Abend ein Schmuck- und Kunsthandwerksmarkt statt.

Handgearbeitete, phantasievolle Puppen und Masken als Mitbringsel findet man in dem Laden **Bambole della bottega scura,** Via S. Anna 6 (historisches Zentrum).

Für den Strand oder für eine Party zu Hause: herrlich bemalte Stoffe verarbeitet die Besitzerin der Boutique **Baik** zu Kleidern, Via S. Anna 18 (historisches Zentrum).

Gleich am Ortseingang hat man die Qual der Wahl: Welche der handge-

machten Schüsseln ist nun die richtige Obstschale für daheim? Und für die Nachbarin, die die Blumen gießt, vielleicht eine Blumenschale? **Le Terre,** Via Veneto 2.

Veranstaltungen:
Juli–August: Theater, Konzerte, Ausstellungen und Wettbewerbe auf den Straßen und Plätzen der Stadt.
15. Juli: Fest des Stadtpatrons San Giacomo.

—

Wandertip

Romantischer Spaziergang zur Wallfahrtskirche Madonna di Montserrato

Man verläßt Porto Azzurro Richtung Rio nell'Elba und biegt nach circa 1 km links zur Kirche * *Madonna di Montserrato* ab. Allein schon das wildromantische Tal lohnt den Ausflug. Eine prächtige Schirmpinie weist den Weg, ein Bächlein rauscht, Agaven und Zypressen vervollständigen das Bild. Auf einem 121 m hohen Felsplateau erhebt sich am Ende der Schlucht, fast in der Luft schwebend, einsam Nuestra Señora de Montserrrat. Kirche und Name muten nicht zu Unrecht spanisch an. Der erste Gouverneur von Longone, José Pons y León, ließ 1606 das kleine Heiligtum nach seinem gleichnamigen Vorbild in Katalonien errichten. Selbst der wilde, abweisende Standort mit den tiefen Schluchten und den spitzen Berggipfeln erinnert an seine spanische Heimat. Circa 15 min dauert der Aufstieg über die Treppen, den ein herrlicher Blick bis zum Meer belohnt.

Tip: Wallfahrten in der Woche vom 8. bis 15. Sept., dann kann man auch die Kopie der Schwarzen Madonna von Montserrat bewundern, da sonst das Kirchlein meist verschlossen ist.

—

Und jetzt ein erfrischendes Bad am Strand, der den Namen des berühmtesten Piraten trägt: *Barbarossa.* Die roten Steinchen des Strandes erinnern tatsächlich an den roten Bart *(Barba rossa)* von Cheir ed-din. Die kleine Bucht, eingeschlossen von grünen Hängen und blauem Meer, verkörpert geradezu Urlaub. Hier befinden sich Tauchschule, Strandbar und mehrere Campingplätze.

△ Vier Campingplätze; direkt am Meer **Arrighi,** ☎ 9 55 68. ⏾ April bis Okt. Schattig, auch mit Bungalows, Tauchschule.

Eine exklusive Bademöglichkeit wartet in der nächsten Bucht. Nur wenige Meter vom Meer entfernt liegt der kleine Süßwassersee *＊Laghetto di Terranera.* Man folgt von der Hauptstraße den Schildern „Camping Reale" bis hinunter zum Strand. Links entlang gehend erreicht man in 5 min zu Fuß den See. Schon der Weg dorthin erklärt den Na-

Die Wallfahrtskirche Madonna di Montserrato

Piraten

Die Totenkopfflagge des „Roten Korsaren" wurde auf Elba zwar nie gesichtet, der Halbmond dafür um so öfter. Schon in der Antike beherrschten Piraten das Meer um die Insel. Die Etrusker brachten ihr Eisen lieber auf dem Landwege von Populonia aus nach Sibari in Kalabrien, da in Süditalien die griechischen Schiffe gern eine etruskische Eisenladung abfingen. Unter römischer Herrschaft nahm die Piratenplage derart zu, daß 67. v. Chr. Gnäus Pompejus vom Römischen Senat außergewöhnliche Vollmachten, 500 Schiffe und 120 000 Männer zur Bekämpfung erhielt. Von dieser Strafaktion profitierte auch Elba und hatte einige Jahrhunderte Ruhe. Von den germanischen Eroberern Italiens, den Langobarden, später den Karolingern, drohte der Insel keine Gefahr – aber ohne Seefahrertradition konnten sie Elba auch nicht schützen. Seit dem 8. Jh. tauchte der arabische Halbmond vor Italiens Küsten auf, und auch Elba erhielt häufig „Besuch" von den sarazenischen Piraten. Erst die bedeutenden Siege der Republik Pisa, der seit dem 11. Jh. größten Seemacht im Tyrrhenischen Meer, vertrieben die Sarazenen. Die Macht Pisas forderte den Hauptkonkurrenten Genua heraus, der mehrmals (so 1162, 1169, 1291 oder 1401) versuchte, die Insel zu erobern. Auch die Genuesen plünderten und verschleppten die Einwohner – nicht anders als vorher die Sarazenen und nach ihnen türkische Korsaren. Der Halbmondflagge konnten die Appiani weder im 15. noch im 16. Jh. etwas entgegensetzen. Nur wer rechtzeitig in die Bergfestungen, vor allem nach Volterraio, fliehen konnte, entging dem Schicksal, als Sklave auf einem orientalischen Bazar zu landen. Noch heute rufen die Mütter auf Elba ihre Kinder mit der Drohung „Barbarossa kommt" zum Gehorsam. Der schreckliche Cheir ed-din nahm 1534 in Rio nell'Elba und Grassina die gesamte Bevölkerung mit, kam 1543 und 1544 nochmals und hinterließ seinen Namen der Bucht „Barbarossa" bei Porto Azzurro. Seine Nachfolger kamen noch bis zur Mitte des 17. Jhs. immer wieder mal vorbei.

5

Seite **81**

men *Terra nera,* „schwarze Erde". Überall glitzert und blinkt es, der Strand besteht aus kleinen schwarzen Steinchen, Mineraliensammler haben hier ihre Freude an den Hämatiten, Pyriten, Magnetiten und Limoniten. Die Felsen laden zum Sonnen ein, eine Bucht folgt der anderen, ab und zu sieht man weit draußen im Meer eine Fähre vorbeigleiten, der grüne See, das blaue Meer, die duftende Macchia im Hintergrund, der Strand zählt sicher zu den stimmungsvollsten Elbas. Selbst die verrostenden Überbleibsel der Minengesellschaft passen gut dazu. Ein Bad im schwefelhaltigen See soll übrigens der Haut guttun.

⚠ **Camping Reale,** ☎ 9 56 78, 🖷 92 01 27. ⏲ April–Okt. Sehr schattiger Platz, direkt am Meer, Strandbar mit Kicker, Restaurant, Windsurf- und Kajakschule.

Zurück zur Hauptstraße begleiten Schirmpinien und gelber Ginster in der blühenden Macchia zunächst den Reisenden. Später wechseln sich Kakteen und silbrige Olivenbäume mit kräftigen Obstbäumen ab. Kurvenreich geht es hinauf, Rio nell'Elba erkennt man malerisch am Hang, und wieder hinunter in das schon von weitem sichtbare

Rio Marina

(2043 Einw.). Der Begriff „Arbeitersiedlung" charakterisiert wohl das anmutige und doch zugleich herbe Städtchen am besten. Trotz der Faszination, die für Touristen von den relativ hohen Häusern gerade im älteren Teil Rios ausgeht, es handelt sich um Mietskasernen für Arbeiter. Ihr Brot verdienten sich die Einwohner nämlich seit Generationen in den Minen – manche noch als Seeleute. Die Schließung der letzten Eisenerzmine 1982 traf diese Region daher in besonderem Ausmaß. Erst langsam entwickelt sich seither der Tourismus. Der geplante Mineraliennaturpark würde einerseits sicher Besucher anziehen, andererseits aber auch die gerade in diesem Teil der Insel noch

unberührte Macchiawildnis und unverbauten einsamen Buchten schützen.

Geschichte

Bis in die frühe Neuzeit wohnte kaum jemand an diesem Küstenstrich. Die Angst vor Piratenangriffen ließ die Elbaner im höher gelegenen Rio nell'Elba bleiben. 1534 errichteten die Appiani den Wachturm an der Hafenmole, die Angst jedoch blieb.

Napoleon wollte als erster den Hafen Rios für die Verschiffung des Eisens ausbauen. Die Mole, die den Wachturm mit einer kleinen Felseninsel verbindet, hatte der Kaiser schon genauso geplant – gebautwurde sie erst später. Der Aufschwung kam für Rio im 19. Jh., als der Sitz der Minengesellschaft von Rio nell" Elba hierher verlegt wurde. 1882 wurde Rio Marina zur eigenen Gemeinde erhoben.

Den Ausgangspunkt des Spaziergangs bildet der schattige kleine Park mit dem Kinderspielplatz über dem Hafen. Man schlendert zum Wachturm, dann die Mole entlang. Die verrostenden Verladestellen im Meer erinnern an Rios Vergangenheit, die im Wasser dümpelnden Fischerboote vor dem glitzernden Strand gehören in die Gegenwart. An klaren Tagen sieht man bis hinüber aufs Festland nach Piombino. Vom Wachturm aus gelangt man auch in die „Altstadt". Die Wäsche hängt vor den Häusern, steile Treppen und enge Gäßchen führen durch diese Arbeitersiedlung mit Atmosphäre. Besonders hübsch sind die im Freien stehenden Marktbänke in der kleinen Gasse gegenüber dem Rathaus (Via Claris Appiani).

Tip: Sie kennen den Goethit nicht? Auch das von Goethe entdeckte Mineral zeigt (Vitrine 11) das sehr sehenswerte **Museo dei Minerali Elbani,** dritter Stock im Rathaus (Palazzo Comunale, an der kleinen Piazza), ☎ 96 27 47, ⏲ 9–12, 15–18 Uhr, So u. Fei nur 9–12 Uhr. Die gezeigten Stücke stammen ausschließlich aus Elba, de-

Seite 81

tailliertes Merkblatt auch auf deutsch erhältlich.

Selbst den Hammer in die Hand nehmen darf man jeden Samstag und Sonntag, wenn das Museum Führungen in die Eisenbergwerke veranstaltet.

❶ Forti Viaggi, Via Palestro 25, 57038 Rio Marina, ☎ 92 40 87, 🖷 92 40 91. Das Reisebüro, in dem man auch deutsch spricht, organisiert Inselrundfahrten, Ausflüge nach Giglio, Kurse für Free Climbing, Radtouren, Ausritte zu Pferd und Fallschirmgleiten.

🏨 **Ortano Mare,** ☎ 93 91 60, 🖷 93 91 54. ◷ April–Ende Sept. Das Hotel liegt in der Bucht von Ortano, 4 km von Rio Marino, mit Animation, Disco, auch Apartments. ⓈⓈ HP

⚠ **Canapai,** ebenfalls Ortsteil Ortano, ☎+🖷 93 91 65 ◷ Mitte Mai–Ende Sept. Schattiger Platz, Fahrradverleih, Solarium (im Sommer?), Animation im Juli u. Aug.

🏨 **La Canocchia,** Via Palestro 1, ☎ 96 24 32. Das beste Lokal Elbas für Fischspezialitäten, Ⓢ.
Il Chicco d'Uva, Via Claris Appiani (Marktgasse), ☎ 92 40 60. Das nette, sehr kleine Lokal hält für Zwischendurch Pizze oder Torta di Ceci (Kichererbsentorte) bereit, für den größeren Hunger typische Rieser Spezialitäten wie den „Gurguglione", eine Art Gemüseeintopf. Ⓢ
Il Mare, Via del Pozzo 16, ☎ 96 21 17. Mit Blick aufs Meer, eine Spaghetteria, die ihre Pizzen im Holzofen bäckt. Ⓢ

Die beste Schiaccia briacca der Insel fertigen **Muti & Lupi,** Via Palestro 11.

Veranstaltungen:
16. August–Fest des Stadtpatrons San Rocco mit Lichterprozession auf dem Meer.
Jeden Montag: Markt.

—

Rot dominiert die Landschaft um Rio Marina. Rostrot stehen die vor sich hin rottenden Industrieruinen herum, rot leuchtet die seit 2500 Jahren aufge-

Der Hafen von Rio Marina mit dem Appiani-Turm

wühlte Erde. Das Gelb des Ginsters und das Grün der Macchia können die Wunden nicht völlig zudecken. Die Erosion trägt das Ihre dazu bei, daß die zerklüfteten Hügel ihre Narben bewahren. Immer wieder verschob man die Schlackenberge, da in den von Etruskern und Römern verhütteten Resten noch bis zu 40 % Eisen vorhanden war. Eine besondere Faszination erhalten die Strände durch die Lagerstätten. Ihr Sand glitzert schwarz vor dem blauem Meer, gleich dahinter erheben sich rote Felsen, eingerahmt von grüner Macchia.

Von Rio Marina fährt man auf einer Panoramastraße hoch über dem Meer entlang nach Cavo. Das Farbenspiel und die herrliche Aussicht auf steil abfallende Felsen, kleine Buchten, ja bis hinüber zum Festland nach Piombino begleiten den Reisenden. Immer wieder führen kleine Wege hinunter ans Meer. Am Strand von *Topinetti* kommen nicht nur Badende, sondern auch Mineralienfreunde voll auf ihre Kosten. Selbst Laien können nach einem Besuch im Mineralienmuseum von Rio Marina ihre frischen Kenntnisse hier gleich vor Ort überprüfen. An Pyrit und Limonit erinnern Sie sich doch noch?

Cavo. Wenn er auch 1849 nur ein paar Stunden hier war, er war immerhin hier! Jeder italienische Ort zählt stolz einen Aufenthalt Garibaldis zu den markantesten Ereignissen seiner Geschichte. Und natürlich fehlt die Gedenktafel auch in Cavo nicht – am Ortseingang an einer Hauswand links zu sehen.

Damit wäre eigentlich auch schon das wichtigste zu diesem dem Festland am nächsten gelegenen Punkt gesagt. Fast liebevoll eingebettet ins Grüne, das Leuchtturminselchen als Fluchtpunkt im Meer, eher gemütlich, fast familiär präsentiert sich Cavo mit kleinem Hafen und Sandstrand. An das einst rege Treiben, als Anfang des Jahrhunderts hier die Bergwerksdirektoren wohnten, erinnern heute nur noch ihre prächti-

gen Villen. Ruhige Ferien kann man hier verbringen, wie bereits 1936 etwa Georges Simenon, der gleich einen Monat dablieb, oder der Futurist Marinetti, der im selben Jahr hier Entspannung suchte.

Wer mag, kann durch den Pinienwald am Ortsende auf die andere Seite des Felsvorsprunges Capo Castello spazieren. Ein langer Kieselstrand mit blaugrünem Wasser, dichter grüner Macchia im Hintergrund zieht sich bis zum Capo Vita hin.

Tip: Großer Kinderspielplatz neben der Bar Il Paradiso, an der Promenade.

❶ Elba Turist Service,
☎ 📠 93 11 30, am Strand bei der Tankstelle.
Estelba, ☎ 94 99 34.

ⓗ Maristella, ☎ 94 98 59,
📠 93 11 09. 🕐 Juni–Sept. In schöner Lage, familiär. Ⓢ
Cristallo, ☎ 94 98 98. In Meeresnähe, auch Nicht-Gäste können sich die hübsche Mineraliensammlung in der Hotelhalle ansehen. Ⓢ
Ginevra, ☎ 94 98 45, 📠 93 10 84,
🕐 Mai–Sept. Nettes gelbes Haus in ruhiger Lage im Ort. In der Hochsaison nur HP, VP. Ⓢ

⚠ Paguro's, valle Baccetti,
☎ 94 99 66. 🕐 Juni–Sept. 600 m vom Meer.

🍴 Da Sergio, Via Michelangelo 25,
☎ 94 97 92. Direkt am Meer ißt man natürlich Fisch. Ⓢ
Rendez-Vous, Piazza Matteotti,
☎ 93 10 60. Nette Crêperie direkt am Hafen. Ⓢ
Mokambo, Viale Kennedy, nette Bar mit Terrasse am Meer und viel Musik.

Tauchschule: „Sporting Club Cavo Diving" am Strand: Verleih von Sonnenschirmen, Kabinen, Liegestühlen, Surfbrettern und Kajaks.

Die einsamste Gegend der Insel berührt man auf der Fahrt nach Rio nell'Elba. Gut möglich, daß einem während der 10 km kein einziger Mensch begegnet.

Seite
81

5

Dichte Macchia, sogar mit relativ hohen Steineichen scheint die Straße fast zu verschlingen, nur unterbrochen von tiefen roten Wunden des Erzabbaus. Kahle Berggipfel wie der 352 m hohe Monte Giove ragen in den blauen Himmel, man hört die Vögel zwitschern und genießt die Natur.

Wandertip

Auf den Monte Giove (352 m)

Parkmöglichkeit auf einem großen freien Platz in der Macchia auf der linken Straßenseite, kurz nachdem die Hochspannungsleitung die Straße überquert. Das Schild „Monte Giove" erkennt man nur von der Rückseite.

Schon von weitem sichtbar, überragt der 1460 errichtete Wachturm Torre del Giove die Umgebung. Er sollte – richtig – natürlich vor Piraten warnen. Durch die Macchia führt ein Pfad in circa 30 min nach oben. Die ganze Wegstrecke liegt angenehm im Schatten! Man bewundert die Ruine und hat immer herrliche Aussicht. Rio nell'Elba und das Kastell von Volterraio, die Bucht von Cavo und selbst das Festland dienen als Blickfang. In absoluter Einsamkeit kann man hier die Idylle genießen.

———

Gesteinsformationen aller Art erkennt man bei der Weiterfahrt nun deutlicher. Immer wieder zeigt die rote Erde ihr Inneres. Zumindest im Frühjahr deckt die steilen Abhänge ein farbenfrohes Blumenmeer zu. Sonst vermag die niedrige Garigue, die nun die Landschaft beherrscht, nur wenig neue Farbakzente zu setzen. An den Straßenrändern wachen Agaven über die Ruinen von *Grassera* (circa 2 km vor Rio nell'Elba auf der linken Seite). Nach der völligen Zerstörung durch die Piraten Cheir eddins 1534 blieben sie als stumme Zeugen stehen.

Wer sich durch die Macchia schlägt, kann die Reste der romanischen Apsis von San Quirico noch bewundern.

Die im Freien stehenden Marktbänke in der Via Claris Appiani

Mineralien wohin man schaut im Museo dei Minerali Elbani

5

Seite
81

Der Strand von Fornacelle im Nordosten der Insel

*Rio nell'Elba

(866 Einw.; 165 m). Malerisch liegt das liebliche Bergstädtchen am Hang. Das geschlossene, zum Teil noch mittelalterliche Ortsbild macht den Reiz Rios aus und lädt zum Bummeln und Entdecken ein. Touristen wird man hier wenigen begegnen, hauptsächlich alte Menschen sitzen auf einen Plausch rund um die Piazza, Blumentöpfe, enge Gäßchen, Treppchen und Mäuerchen, ein Bergstädtchen mit viel Charme.

Geschichte

Auch heute noch wirkt die Stadt wie eine Festung, unzugänglich und stolz thront sie über dem Tal. Weit weg vom Meer fühlte man sich hier oben sicher vor den Piraten. Eine trügerische Hoffnung wie der Überfall von Cheir ed-din 1534 zeigte, bei dem Grassera (s. o.) völlig zerstört wurde. Die Einwohner Rios verschleppten die Korsaren nach Tunis, wo viele 1535 bei der Expedition Kaiser Karls V. wieder freikamen.

Eisenabbau hieß das magische Wort, das über Jahrhunderte den Wohlstand sicherte. Schon die Etrusker und Römer beuteten die Minen aus.

Der römische Name des Städtchens *Rivus* (Fluß), der auf den Wasserreichtum Rios hinweist, blieb dem Ort *(Rio)*. Nach den Pisanern, die Rio im 11. Jh. befestigten, förderten vor allem die Großherzöge der Toskana den Erzabbau. 1574 pachtete Francesco I. von Jacopo VI. Appiani die Minen um Rio für 90 Jahre. Den Vertrag erneuerten Ferdinand II. (1610–1670) und Fürst Niccolò Ludovisi. Rio bildete somit eine Enklave, die wie Portoferraio bis 1802 zum Großherzogtum Toskana gehörte.

Die Bedeutung Rios zeigt auch die Tatsache, daß es in diesem kleinen Ort ein englisches Konsulat gab, da englische Schiffe das hochwertige Eisen aus Elba nach Großbritannien transportierten. Im 18. Jh. lebten 5000 Menschen in Rio (heute knapp 900). Der Niedergang Rios begann mit der Verlegung der Mi-nendirektion nach Rio Marina im 19. Jh., endgültig mit der Schließung der letzten Mine 1982. Heute geht das Leben hier eher einen beschaulichen Gang, viele junge Leute wanderten nach Rio Marina ab.

Sehenswürdigkeiten

Sehenswürdigkeiten gibt es eigentlich außer der Kirche am Hauptplatz keine. Man sollte einfach ein wenig durch die engen Gäßchen spazieren, die wehrhaften Häuser bewundern und diese sehr friedliche Atmosphäre des Ortes auf sich wirken lassen.

Bevor man sich der Kirche **Ss. Giacomo e Quirico** zuwendet, verdient der alte Taufstein an der Mauerecke einen kurzen Blick, der jetzt als Quellfassung dient. Die Kirche kann ihren Festungscharakter aus dem 16. Jh. ebenso wenig verbergen wie die meisten Häuser Rios.

Vier mächtige Bastionen umgaben einst die Altstadt, Reste sieht man noch an dem Gotteshaus. Schon im 11. Jh. wird San Jacopo erwähnt, den Doppelnamen erhielt sie nach der Zerstörung Grasseras, als man die Reliquien des hl. Quiricus hierher überführte. Bis 1558 war Ss. Giacomo e Quirico Hauptkirche der Insel, erst in diesem Jahr wurde die Pfarrkirche in Portoferraio losgelöst. Ihrer einstigen Bedeutung entspricht ihr heutiges Erscheinungsbild nach zahlreichen Restaurierungen nicht mehr. Ins dreischiffige Innere kann man einen Blick werfen, die Barockaltäre in den Seitenschiffen sind ganz ansehnlich.

Tip: Museo Minerali Elbani „Alfeo - Ricci". Das kleine Privatmuseum zeigt seine sehr gut sortierte Sammlung in einem eindrucksvollen mittelalterlichen Ambiente. Dicke Mauern, Bögen und kleine Räume stellen den Rahmen für wunderschöne Azzurite, Amethyste oder Malachite. Alle Steine wurden auf Elba von dem Hobbyforscher Ricci in den 30er Jahren dieses Jahrhunderts gefunden.

🕐 Hochsommer 10.30–12.30, 18–20, 21–21 Uhr, sonst kürzer, von Okt. bis März geschl.
Jede Person, die den aufliegenden Prospekt mitnimmt, erhält im Aquarium von Marina di Campo eine Ermäßigung.

🏠 **Carpe Diem,** Via S. Galletti 14, ☎ 93 92 49. Nettes Lokal im Zentrum von Rio mit rustikaler Einrichtung. Ausgezeichnet schmecken Nudelgerichte wie die *penne al granchio.* Ⓢ

Veranstaltung: Karfreitagsprozession. Jeden Dienstag: Markt.

In der Mine Valle Giove betätigen sich Hobbymineralogen

Wollen Sie auch mal klopfen?

Einen Hammer sollten Sie schon dabei haben! Jeden Samstag und Sonntag vormittag offnet die Eisenerzgesellschaft ILVA ihre Tore und erlaubt Privatpersonen, im Bergwerk zu klopfen. Kurz hinter Rio Marina führt an der Straße Richtung Cavo bei dem Schild „Visite in Miniera" eine Schotterpiste in die stillgelegte Mine „Valle Giove". Circa 2 km folgt man der roten Piste den Berg hinauf. Fast surrealistisch wirkt die Landschaft: das Rot der Erde und das Rostbraun der verrottenden Anlagen kontrastiert mit den Grünschattierungen der Macchia. Baumheide und Mastixbäume geben ihr bestes, die aufgewühlte Erde wieder zuzudecken, ein strahlend blauer Himmel und Vogelgezwitscher verwandeln den Ort fast in eine Idylle – wenn da nicht immer erneut diese tiefen roten Krater wären, die den Gedanken an eine Mondlandschaft immer wieder erwecken.

Oben angelangt, steht man sozusagen auf der Bühne des halbrunden Amphitheaters, das durch jahrhundertelange Abbautätigkeit aus dem Berg herausmodelliert wurde. Auf dieser großen freien Fläche wird die völlige Ruhe von einem allgegenwärtigen Tock, Tock, Tock unterbrochen. Ganze Familien klopfen hier Steine! Die bunten Farbtupfer der T-Shirts der Leute machen sich gut vor dem glitzernden Untergrund. Selbst ein absoluter Laie findet hier einen Hämatit, man braucht ihn nur aufzuheben. Doch das Klopfen ist der Gag an der Sache, Erwachsene und Kinder (Zugang ab 8 Jahren) hämmern gleichermaßen begeistert auf die Steine ein. Hauptsächlich Pyrite und Hämatite, aber auch Pyrite mit Quarzeinsprengseln, Ocker und Limonith findet man. Bis vor zwei Jahren, als ein Urlauber tödlich verunglückte, war die gesamte Mine frei zugänglich. Dies soll durch eine Pflege der langsam abbröckelnden Terrassen in Zukunft erneut erlaubt werden. Der geplante Mineralienpark würde auch vielen entlassenen ehemaligen Minenarbeitern wieder eine Arbeitsmöglichkeit geben. Zur Zeit überwachen noch circa 30 Männer von einst 400 Angestellten der ILVA die aufgegebenen Gruben. Bis jetzt ruht der Plan für den Mineralienpark allerdings noch in irgendeiner Schreibtischschublade …

🕐 Sa u. So 8–11 Uhr, möglichst vorher im Mineralienmuseum in Rio Marina die Teilnahme anmelden, ☎ 96 27 47. Die Eintrittskarte für die Mine schließt auch den Besuch des Museums mit ein.

5

Seite 81

Zu Hause haben Sie sicher eine Waschmaschine. Wollen Sie's mal wie Oma versuchen? Direkt an der Straße nach Nisporto unterhalb des Ortes, wird man im *Lavatoio Pubblico* ins Alltagsleben früherer Zeiten zurückversetzt. Wie im Mittelalter kommen auch heute noch Frauen (Männer sieht man auch hier nie!) in das öffentliche Waschhaus, um in einer der Waschstellen ihre Wäsche zu säubern.

—

Man verläßt Rio nell'Elba nun endgültig Richtung Nisporto/Nisportino. Kurz hinter dem Ort besucht man die wunderschön auf 260 m Höhe gelegene *Kirche Santa Caterina,* vielleicht die romantischste der Insel. Wieder einmal reicht die Aussicht bis zum Festland hinüber. Die Gänseblümchenwiese vor der im 15. Jh. erbauten Kirche unterstreicht die friedvolle Atmosphäre des Ortes. Ein kleiner Glockenturm, das einschiffige Innere mit offenem Dachstuhl, ein kleiner Barockaltar, eigentlich nichts besonderes und doch hat das Kirchlein was. In dem kleinen Eremo neben der Kirche betreibt seit einigen Jahren der Deutsche Hans-Georg Berger ein Künstlerbegegnungszentrum – keine schlechte Nutzung für ein ehemaliges Kloster, das er so vor dem endgültigen Verfall rettete. Mit seinem neuesten Plan, einen Kräutergarten, einen Giardino dei Semplici, anzulegen, nimmt er auch die Tradition der mittelalterlichen Klostergärten wieder auf.

Buchtip: „Quaderni di Santa Caterina", in den Heften werden die künstlerischen und wissenschaftlichen Ergebnisse der Gäste Bergers veröffentlicht; eindrucksvoll sind die Gemälde und Konstruktionen englischer Künstler oder die Entdeckung einer karolingischen Handschrift im Gemeindearchiv von Rio.

Veranstaltungen: Fest am Ostermontag vor der Kirche, mit Messe.

Konzerte und andere Aktivitäten im Sommer.

Wandertip

Der Monte Serra

Auf der Paßhöhe bietet sich rechts eine Parkmöglichkeit. Der etwa 20minütige Aufstieg auf den rechten Gipfel auf schmalen Pfaden durch niedrige Garrigue wird belohnt mit einer einmaligen Aussicht auf die Bucht von Portoferraio, die Stadt selbst scheint zum Greifen nah. Völlige Ruhe und Idylle genießt man hier oben. Die Felsen eignen sich hervorragend zum Sitzen bei einem Picknick.

—

Dichte Macchia und rote Erde begleiten die Abfahrt hinunter nach *Nisporto* und *Nisportino*. Ein kleines Dorf inmitten von Weinbergen, die Bucht eingerahmt von grünen Bergen und Felsen an den Ausläufern im Meer, hauptsächlich Kieselstrand. Das Meer plätschert ruhig dahin, eine Bar lädt am Strand zu Erfrischungen ein, Campingplatz direkt am Meer und (häßliche) Apartmentanlage. War das nun Nisporto oder Nisportino? Die Beschreibung paßt auf beide, zwei herrlich ruhige Flecken für Erholung und Entspannung.

Nisportino

△ **Cala di Nisportino,** ☎ 93 49 14 (im Winter ☎ 93 49 08). ◷ Ende Mai bis Ende Sept. Schattig, Bootsverleih, Schwimm-, Surf- und Kajakschule, Kinderspielplatz, auch Bungalows. Apartmentanlage **Helios Residence,** mit Swimmingpool.

Nisporto

△ **Sole e Mare,** ☎ 93 49 07, 🖷 96 11 80 (im Winter ☎ 93 49 30). ◷ April–Sept. Schattiger Campingplatz, Boots- u. Surfbrettverleih, Tauchschule, auch Bungalows. Apartmentanlage **Cala Rossa,** mit Tennisplätzen.

Weiterfahren kann man über die nicht asphaltierte Straße über die Punta Falconara nach Bagnaia (s. S. 89), oder man fährt (asphaltiert) zurück nach Rio nell'Elba.

Route 6

Ein bißchen (Wein-)Kultur

Kurz vor der Rückkehr nach Porto-ferraio wartet noch einmal Kultur: Pisaner Festung, romanische Kirche oder eine römische Villa stehen zur Auswahl. Und danach Entspannung an den Stränden von Bagnaia, Nisporto und Nisportino, Weinprobe oder doch lieber gleich eine Schönheitskur in den Thermen von San Giovanni?

Steil hinauf geht's zum Kastell Volterraio

Am Ortsausgang von Rio nell'Elba, an der Straße nach Rio Marina und Porto Azzurro, fährt man gleich rechts die Strecke hinauf Richtung Volterraio, Portoferraio. In großen Serpentinen geht es nur von spärlicher Vegetation begleitet zum Hügelkamm (rechts Parkmöglichkeit). Ein schattiger Picknick-platz lädt zu einer längeren Pause mit herrlicher *Aussicht* ein. Sie reicht zurück bis hinunter nach Rio Marina und weiter bis zum Wachturm auf dem Monte Giove. Auf der anderen Seite liegt ideal für Fotos das

*Kastell Volterraio. Wie immer, so bewiesen die Etrusker auch hier ihren großartigen Sinn für strategische Punkte: kaum ein Platz der Insel dominiert so uneinnehmbar die Umgebung wie dieser 394 m hohe Berg. Ob Volter-raio tatsächlich etwas mit dem etruski-schen *Volterra* oder mit *Ful Tur* (etrusk. *Hochburg*) zu tun hat, bleibt genauso ungewiß wie die Frage, ob im Mittelal-ter noch etruskische Reste der Festung vorhanden waren. Sicher ist hingegen, daß die heutige Burg von den Pisanern 1284 zum Schutz für die Bevölkerung von Rio und Bagnaia errichtet wurde. Die Pisaner übernahmen auch wieder das alte etruskische System, von einem Wachturm zum nächsten mittels Feuer-zeichen herannahende Gefahren (Pira-ten) zu signalisieren.

6

Seite **91**

Stolz thront Rio nell'Elba über dem Tal

Ginsterblüten duften im Frühling weithin

Vorsicht bei der Weiterfahrt! Die sehr enge, kurvenreiche Straße führt zunächst durch einen kleinen, romantischen Hohlweg, den nur der Beifahrer bewundern sollte! Nach einigen Serpentinen bietet sich rechts eine Parkmöglichkeit bei einem verfallenen Schafstall. Von hier aus (und nur von hier aus, falls man nicht das Krankenhaus in Portoferraio kennenlernen möchte) kann man den Aufstieg auf die Bergfestung unternehmen.

Wandertip

Aufstieg zum Kastell Volterraio, circa 30 Min.

Festes Schuhwerk ist unbedingt nötig, auf keinen Fall sollte man bei glühender Hitze aufsteigen!

Einen ausgeschilderten Weg gibt es nicht, man folgt einfach einem der vielen kleinen Pfade durch die Macchia nach oben. Im Frühjahr blüht es überall gelb vom Ginster, blau vom Lavendel oder blaßblau vom Rosmarin. Man steigt durch einen Kräutergarten nach oben, zunächst bis zu der Ruine der kleinen Kapelle auf dem Felsenabsatz. Wer sich mehr links hält, findet bessere Pfade als diejenige, der möglichst direkt nach oben will. Beim letzten Stück hinauf zur Burg über die sonnenüberströmten, steil ansteigenden Felsplatten kommt man so oder so ins Schwitzen. Eine traumhafte *Aussicht nach allen Seiten belohnt aber reichlich für die Anstrengung.

Das Panorama umfaßt den gesamten Golf von Portoferraio mit der Ebene von San Giovanni und Magazzini davor und dem höchsten Gipfel Elbas, dem Monte Capanne, im Hintergrund, reicht hinüber auf die andere Inselseite bis zum Stella-Golf, man sieht die Inseln Montecristo und Korsika im Meer liegen und weiß eigentlich gar nicht, wo man zuerst hinsehen soll.

Der Zugang zum sehenswerten Inneren gestaltet sich nicht ganz einfach. Sportliche Kletterer können über die

Mauer an der Südseite hineingelangen, oder man steigt (falls man keine Taschenlampe dabei hat) in völliger Dunkelheit auf sehr groben Stufen durch den kleinen Tunnel ins Innere. Man kann den Wachturm, die kleine, später hinzugefügte Barockkapelle, die Zisterne und vor allem den Wehrgang mit Brustwehr und Zinnen besichtigen – mit viel Vorsicht, denn überall bröckelt etwas herab. Die Aussicht überwältigt noch mehr, da nun auch Rio Marina und das Kastell auf dem Monte Giove sichtbar werden. Man kommt sich vor wie in einem Adlernest, hört nichts mehr außer Vogelstimmen. Man träumt sich zurück in vergangene Zeiten, als diese Burg von lärmenden, furchteinflößenden Piraten umringt war, die jedoch jedes Mal an ihren starken Mauern verzweifelten.

———

Die Straße führt nun abwärts wieder zum Meer nach *Magazzini*. Der Name *Stapelplatz* stammt noch aus der Zeit des Eisenabbaus, als das Erz hierher gebracht wurde, um dann mit kleinen Booten nach Portoferraio weiter transportiert zu werden. Baden, sonnen, einen Segelkurs belegen, die Aussicht über den Golf genießen, faulenzen: ein netter kleiner Ferienort zum Erholen ist Magazzini heute.

Ein ganz besonderes Kleinod der Insel liegt gleich hinter Magazzini an der Straße Richtung Bagnaia. Selbst Gäste eines Luxushotels verschlägt es auf den Campingplatz Rosselba Le Palme. Auf seinem Gelände liegt einer der vielleicht schönsten Parks Elbas, der *Palmengarten Ottone*. Im Zuge des Interesses für exotische Pflanzen Ende des 19. und zu Beginn des 20. Jhs. kaufte ein Münchner Großgrundbesitzer, ein gewisser Garbari, 1910 das weitläufige Gelände und legte den Grundstock für diesen herrlichen Garten. Mächtige Exemplare aus Afrika, Lateinamerika und Asien, die bis zu 25 m hoch wachsen, säumen die Spazierwege des 2 ha umfassenden Parks. Aber auch kleinere Exemplare wie die „Blaue Palme" zählen zu den Prunkstücken. Über 4 m hohe Yukkapalmen passen wohl in kein Wohnzimmer mehr. Eindrucksvolle Kakteen vervollständigen die majestätisch ruhige Atmosphäre dieses Ortes.

Buchtip: Patrizia Marracci, „Der Ottone-Garten", Portoferraio 1990; eine gute Einführung mit wunderschönen Fotos (im Park erhältlich).

🏠 **Villa Ottone,** Ortsteil Ottone, ☎ 93 30 42, 🖷 93 32 57. ⏱ Mitte Mai bis Ende Sept. Traumhaft schön gelegene Villa der Jahrhundertwende, absolut ruhig mit eigenem Park, Privatstrand; die Altstadt von Portoferraio als Kulisse gegenüber, während man unter ionischen Säulen auf der Terrasse sitzt! ⑤》 HP

Fabricia, Ortsteil Magazzini, ☎ 93 31 81, 🖷 93 31 86. ⏱ Mitte April–Ende Sept. Direkt am Strand in großem Park gut eingepaßte, neue Anlage, lädt ein sich abseits vom Trubel verwöhnen zu lassen; Swimmingpool, Tennisplätze. ⑤》 HP

Residence Alithai, Ortsteil Magazzini, ☎ 93 35 55, 🖷 93 35 94. 1993 eingeweihte Apartmentanlage, 1 km vom Meer, mit Swimmingpool, für preiswertere Ferien.

△ **Rosselba Le Palme,** Ortsteil Ottone, ☎ 93 31 01, 🖷 93 30 41 (im Winter ☎ 0 45-59 24 88). ⏱ Ostern–Ende Sept. Schattig, 300 m vom Meer gelegen, Tennis- u. Kinderspielplatz, Bungalows und natürlich der Palmengarten (s. o.).

Deutschsprachige Segelschule: **Segelclub Elba,** Magazzini 12, ☎ 93 32 88, 🖷 93 32 14. Anmeldung in Dld.: Postf. 30 03 27, 51413 Bergisch-Gladbach, ☎ 🖷 0 22 04/6 87 03. Die Schule kümmert sich bei Bedarf auch um die Unterbringung der Gäste.

Bagnaia heißt der kleine Fischerort in der nächsten Bucht hinter Magazzini. Von den Cafés am Kieselstrand schweift der Blick hinüber nach Portoferraio, Urlaubsstimmung stellt sich hier sofort ein. Deutsche Zeitungen in der Bar Kikuty an der Ecke, deutschsprachige

Blick auf Magazzini – im Hintergrund sieht man Volterraio

La Chiusa – das bekannteste Weingut Elbas

6

Seite 91

Segelschule, aber auch italienische Jugend im In-Café des Hotels Villa Mare – alles mischt sich, vor allem wenn hier im Sommer Live-Musik erklingt, und nur wer unbedingt alleine bleiben will, der wird es auch.

ⓗ **Residence Villa Mare,** Via Carpani 41, Ortsteil Bagnaia, ☎ 96 11 46, 🖷 96 11 91. ⏲ Ostern–Okt., (Winter: ☎ 91 81 75, 🖷 91 83 08). Ⓢ⟩⟩ **Hotel Punta Pina,** gleiche Adresse u. Telefonnr., Ⓢ⟩; beide 50 m vom Strand, im Grünen gelegen, auch Apartments mit Kochnischen.

Nachtleben: **Pueblo Español,** ab 23 Uhr gibt's hier Live-Musik und Disko mit südamerikanischen Rhythmen.

Segelschule: **Segelzentrum Elba,** Ortsteil Bagnaia, ☎ 93 33 29.

Tip: Eine gute Strecke für Mountainbikefahrer führt mit wunderschönen Ausblicken auf die Bucht von Portoferraio die wenig befahrene Schotterstraße entlang nach Nisporto.

Eine wunderschöne Panoramastraße führt von Bagnaia über den Aussichtspunkt *Punta Falconara* nach *Nisporto* (s. S. 86). Allerdings lautet das Motto hier „Elba im 1. Gang". Offensichtlich besitzen die reichen Eigentümer der auch architektonisch aufwendig gestalteten Villen in diesem Teil Elbas alle einen Geländewagen und legen daher keinen Wert auf die Asphaltierung dieser Strecke.

*Santo Stefano alle Trane, das besterhaltene Beispiel Pisaner Romanik auf Elba, liegt romantisch in einer toskanisch anmutenden Hügellandschaft. Gleich hinter Magazzini, Richtung Portoferraio, biegt man in einer scharfen Rechtskurve links ab (bei dem rosa Haus). Schon bei der Anfahrt begrüßt die kleine Kirche auf dem Hügel den Reisenden. Die sehr regelmäßig behauenen und zusammengefügten Kalksteinquader verleihen der Kirche aus der 2. Hälfte des 12. Jhs. eine strenge Anmut. Die dreibogige Fassaduntergliederung mit Blendarkaden sowie mit

ihren darübergestellten Lisenen zeigt deutlich den Dom in Pisa als Vorbild. Beachtung verdienen die reich mit Tier- und Pflanzenmotiven und Gesichtern dekorierten Konsolen der Apsis sowie der Schmuck der rechten Längsseite (Konsolen und Dachgesims). Das Fabeltier der rechten Türkonsole erinnert noch an vorromanische Ornamentik. Elba lag eben auch im 12. Jh. nicht im Zentrum neuer Kunstrichtungen.

ⓗ ⓗ **Hotel Santo Stefano,** direkt neben der Kirche wohnt man absolut ruhig, fast idyllisch wie in der Toskana, Ortsteil Santo Stefano, Portoferraio, ☎ 93 31 61, 🖷 93 34 52. ⏲ April bis Anf. Okt. Ⓢ HP. Sehr zu empfehlen die Nudeln mit Fischsoße *(pasta alla gallinella)* im gemütlichen Restaurant. Ⓢ⟩

*La Chiusa, „die Eingeschlossene", heißt das wohl bekannteste Weingut der Insel, das der Mauer, die es seit dem 18. Jh. umgibt, seinen Namen verdankt. Das rustikale Herrenhaus, dessen Weinkeller und Familienkapelle ebenfalls dem 18. Jh. entstammen, würde genausogut in die Chianti-Landschaft passen. Kurz nach der Rückkehr zur Hauptstraße von Santo Stefano alle Trane führt rechts ein mit Olivenbäumchen gesäumter Feldweg zum Gut. Die Familie Foresi keltert seit Napoleons Zeiten hier ihre Spitzenweine, und Napoleon selbst ließ sich zweimal vor Ort verwöhnen.

Die Reben der 20 ha werden mit viel Mühe niedrig gehalten, die Trauben eigens sortiert, um den Elba Bianco D.O.C., den Elba Rosso D.O.C., einen Rosé sowie den Aleatico-Wein zu erzeugen. Eine Spezialität des Gutes ist der mäßig süße Ansonica-Wein aus der gleichnamigen Traube, eine Art Sherry. Ein kleiner Spaziergang entlang der Weinreben hinunter zum Meer, rechts Volterraio direkt im Blick, kann nach der Weinprobe sicher nicht schaden.

⏲ Während der Sommerzeit 9.30 bis 11.30, 17–19 Uhr, sonst 9.30–11.30, 16 bis 17 Uhr. ☎ 93 30 46.

6

Seite **91**

ⓐ Gegenüber der Zufahrt liegt ein vielbesuchtes (Reservierung notwendig) Restaurant, in dem man gute rustikale Küche serviert bekommt: **La Carretta,** ☎ 93 32 23. ⓢ

Eines der typischen kleinen Weingüter Mittelelbas besucht man ein Stückchen weiter links, Abfahrt an den Verkehrsschildern „Zufahrt für Lastwagen verboten" und „Höchstgeschwindigkeit 30". Die Zypressenallee weist den Weg zur Azienda Agricola *Monte Fabbrello.* Nicht so gestylt wie auf La Chiusa, dafür gemütlicher. Die Garage dient als Probierstube, im Sommer wird auch Obst und Gemüse aus eigenem Anbau verkauft. Neben den 3 ha Weinreben bessern Ferienwohnungen den Verdienst auf. ☎ 93 33 24.

Immer noch nicht genug vom Weinprobicrcn? Einfach die Zypressenallee weiterfahren, dann links abbiegen bis, wieder links, das Hinweisschild Acquabona kommt. Neben dem Golfplatz breiten sich die 14,5 ha des Weinguts aus.

Auch in **Acquabona** hält man die Reben bewußt niedrig, setzt arbeitsintensive Pflege als Grundlage von Spitzenweinen voraus. Neben den hervorragenden Elba Rosso D. O. C. und Elba Bianco D. O. C. sei besonders auf den Ansonica-Wein sowie den duftigen und im Geschmack angenehm milden Grappa hingewiesen. ☎ 📠 93 30 13.

Reste der römischen Villa Le Grotte

6

Seite **91**

🏠 **Acquabona Golf Hotel,** ☎ 94 00 66, 📠 91 69 47. Zu diesem Hotel gehört der 9-Loch-Golfplatz, der sich um das Anwesen legt. Alle größeren Hotels auf Elba haben spezielle Abmachungen mit dem Golfclub, Einzelspieler werden auf Anfrage zugelassen. ⑤⟩⟩

Richtung Portoferraio am Monte Orello liegt herrlich ruhig im Grünen die sehr schöne Hotelanlage **Le Picchiaie,** 57037 Portoferraio, ☎ 93 31 10, 📠 93 31 86. ◷ Ende März–Ende Okt. Swimmingpool, Tennisplatz mit Flutlicht, Spielplatz für Kinder. ⑤⟩

Etwas weiter oberhalb findet sich der große Reitstall **Ranch Antonio,** ☎ 93 31 10. Schattige hohe Kiefern und eine traumhafte Aussicht am Berg warten bei Ausritten. **Fattoria Monte Orello,** Ortsteil Monte Orello, ☎ 93 32 83. Ferien auf dem Bauernhof in Elbas Mitte, Ausritte durch die Pinienwälder, absolute Ruhe.

Die Hauptstraße nach Portoferraio windet sich einen kleinen Hügel hinauf, noch einmal liegt die Bucht von Magazzini malerisch im Blick. Genau an der Hügelkuppe, bevor es wieder hinunter geht, biegt man, etwas unvermittelt, rechts auf den Parkplatz zur römischen

*Villa Le Grotte ein. Auch wen die alten Steine nicht sonderlich interessieren, der sollte schon wegen des herrlichen **Panoramas* kommen. Wenn die Sonne abends den Golf und die Altstadt von Portoferraio in rot-goldenes Licht taucht, dann wird es romantisch. Auch die alten Römer, die sich vom Luxus verwöhnt in dieser Villa erholten, mögen da nicht anders empfunden haben. Die Villa, die sich mit ihrem Garten über 2 ha ausdehnte, war mit Sicherheit in der Zeit vom 1. Jh. v. Chr. bis zum 1./2. Jh. n. Chr. bewohnt. Die reichen Funde der Villa (Tonplatten, u. a. mit der geflügelten Psyche zwischen Musikern, Mosaikfußböden, bronzene Türbeschläge) befinden sich heute im archäologischen Museum von Portoferraio. Man erkennt noch gut das

große Wasserbecken, in dessen Mitte ein gemauertes Rohr für die Erwärmung sorgte. Besonders schön wirken die Mosaiken der Mauern der vielen kleinen Räume, die auch unterhalb in den Hang gebaut waren. Dunkelgrüner Serpentinit und grau-weißer Kalkstein, ab und zu ein schwarzes Element, ergeben dieses interessante Farbenspiel. Die diagonal versetzten 10 x 10 cm großen Steine laufen nach hinten pyramidenförmig zu, eine typisch römische Technik. Eine Initiative zur Bewahrung der Reste der Villa sieht vor, die Ruinen besser zu pflegen, die Gärten wieder anzulegen und das Gelände zu reinigen.

Esel und Pferde waren die ersten Klienten der **Thermen von San Giovanni.** Die Bauern wußten von der Heilwirkung des schlammigen, mit Abraum von Tausenden Jahren Erzförderung angefüllten Wassers und brachten ihre kranken Tiere zur Kur hierher. 1957 ließen einige Mediziner den Schlamm untersuchen und stellten fest, daß er reich an organischem Schwefel und Mineralien sowie jodhaltig war. Heute stehen neben Heilanwendungen auch Schönheits- und Fitneßkuren im Angebot. Algencremes und andere natürliche Kosmetika gibt's in dem kleinen Shop neben dem Thermalgebäude auch zum Mitnehmen. Einen schönen Spaziergang in dieser etwas morbid wirkenden Landschaft im schattigen Park sollte man auf jeden Fall machen.

Terme San Giovanni, ☎ 91 46 80. ◷ April–Okt., 8.30–12.30, 16 bis 19.30 Uhr.

🏠 **Airone,** Ortsteil San Giovanni, 57037 Portoferraio, ☎ 92 91 11, 📠 91 74 84. ◷ ganzjährig, da kein eigenes Kurhotel vorhanden ist, übernimmt das Airone diese Funktion, von den Anwendungen im Haus über Swimmingpool, Tennisplatz bis zum Babysitter wird hier alles für einen erholsamen Urlaub geboten. ⑤⟩

Über die Kreuzung Bivio Boni erreicht man Portoferraio (s. S. 26).

Seite 91

6

Praktische Hinweise von A–Z

Devisenvorschriften

Ausländische Währung und italienische Lire dürfen unbeschränkt ein- und ausgeführt werden, müssen aber bei Ein- und Ausreise deklariert werden, wenn die Summe 20 Millionen Lire überschreitet.

Einkaufen

Auf der Insel erhält man alles, was es auch auf dem italienischen Festland gibt: elegante Mode oder Badeschuhe; Supermärkte oder Straßenverkauf von Obst und Wein, Camping- und Sportausrüstung. Keramiken, Weine oder Honigprodukte eignen sich als typische Mitbringsel aus Elba.

Feiertage

1. u. 6. Januar, Ostermontag, 25. April, 1. Mai, 15. August, 1. November, 8. Dezember, 25. und 26. Dezember.

Geld

Die italienische Währungseinheit ist die Lira (Mehrzahl Lire, Abk. L. oder Lit.). Für 1000 L. erhält man ca. 0,90 DM; 1 DM = 1100 L. (aktuelle Tageskurse bei den Banken). Eurocheques werden pro Scheck bis zu 350 000 Lire eingelöst, bei vielen Bankautomaten kann man direkt abheben.

Haustiere

Hunde und Katzen brauchen einen internationalen Impfpaß sowie ein amtstierärztliches Gesundheitszeugnis, das höchstens 30 Tage alt sein darf. Für Hunde sind Leine und Maulkorb (auf Schiffen) vorgeschrieben.

Informationen

erhält man bei den staatlichen italienischen Fremdenverkehrsämtern (ENIT) in
D-40212 Düsseldorf, Berliner Allee 26, ☎ 02 11/13 22 32, 🖷 13 40 94;
D-60329 Frankfurt/M., Kaiserstr. 65, ☎ 0 69/23 74 10, 🖷 23 28 94;
D-80336 München, Goethestr. 20, ☎ 0 89/53 03 60, 🖷 53 45 27;
A-1010 Wien, Kärntnerring 4, ☎ 02 22/5 05 16 39, 🖷 5 05 02 48;
CH-8001 Zürich, Uraniastr. 32, ☎ 01/2 11 36 33, 🖷 211 3 8 85;
auf Elba beim Fremdenverkehrsamt „Azienda di Promozione Turistica dell'Archipelago Toscano" (APT), 57037 Portoferraio, Calata Italia 26, ☎ 91 46 71, 🖷 91 63 50.

Hotelverband „Associazione Albergatori Isola d'Elba", Calata Italia 20/21, ☎ 91 55 55, 🖷 91 78 65.

Die Reisebüros auf Elba helfen wie das Fremdenverkehrsamt bei der Hotelbeschaffung, bei der Anmietung von Apartments, Fahrradverleih, der Vermittlung von Tauchkursen etc. Adressen jeweils bei den einzelnen Orten.

Tip: „Elba-Spiegel", das deutschsprachige Heft enthält Interessantes und Informatives über Elba sowie nützliche Adressen. Im zweisprachigen (ital. u. dt.) Monatsheft „Pronto Elba" erfährt man alles über Veranstaltungen.

Konsulate

Auf Elba selbst gibt es keine Konsulate, deshalb werden hier die nächstgelegenen auf dem Festland genannt:

Deutsche Konsulate: 50123 Florenz, Lungarno Vespucci 30, ☎ (0 55) 29 47 22, 🖷 28 17 89; 57100 Livorno, Piazza della Vittoira 56, ☎ (05 68) 89 00 08, 🖷 88 73 81.
Österreichisches Honorarkonsulat, 50123 Florenz, Via dei Servi 9, ☎ (0 55) 2 38 20 14.
Schweizer Honorarkonsulat: 50123 Florenz, Piazzale Galileo 5, ☎ (0 55) 2 24 31.

Medizinische Versorgung

Innerhalb der EU besteht ein Abkommen über soziale Sicherheit, das Mitgliedern einer gesetzlichen Krankenkasse in Krankheitsfällen kostenlose medizinische Behandlung zusichert. In Portoferraio gibt es im Ortsteil San Rocco ein Krankenhaus (Ospedale), ☎ 93 85 11.

Anspruchsausweis E 111 sowie nähere Auskünfte bei den Krankenkassen.

Eine private Auslandsreisekrankenversicherung ist dennoch zu empfehlen.

Notruf

☎ 1 12 oder 1 13; Feuer ☎ 1 15.

Öffnungszeiten

Läden haben im allg. von 9–13 und 15.30–19.30 Uhr geöffnet, in den Sommermonaten häufig erst ab 17/18 Uhr, dafür dann bis 23/24 Uhr. In den Ferienzentren auch So vormittag.

Banken sind Mo–Fr von 8.30 bis 13.30 Uhr geöffnet (einige auch eine Stunde am Nachmittag). In Portoferraio kann man an der Piazza Cavour an einem Automaten immer Geld wechseln.

Museen usw. wechseln häufig ihre Öffnungszeiten, haben auf Elba aber im Sommer meistens bis spät abends geöffnet, für Besuche „nach dem Strand".

Tankstellen sind über Mittag sowie an So/Fei geschlossen. Manche haben Tankautomaten (Bargeld).

Postgebühren

Das Auslandsporto von Italien in europäische Staaten beträgt für eine Postkarte oder einen Brief (bis 20 g) in EU-Länder 750 Lire, sonst 850 Lire.

Rechnungen und Belege

Auch ausländische Touristen sind verpflichtet, sich über erhaltene Dienstleistungen (in Restaurants, Autowerkstätten u.a.) eine ordnungsgemäße Quittung („ricevuta fiscale") inklusive Mehrwertsteuer (IVA) ausstellen zu lassen und diese aufzubewahren. Bei Kontrollen durch die italienische Steuerpolizei fällt sonst eine hohe und empfindliche Geldstrafe an.

Telefonieren

kann man in öffentlichen Fernsprechämtern der Telefongesellschaft *Telecom* (nicht in Postämtern). Münzfernsprecher nehmen 100-, 200- und 500- Lire-Münzen. Telefonkarten („scheda telefonica") gibt es zu 5000 oder 10 000 Lire bei „Tabacchi".

Die Vorwahlen von Italien aus sind: Deutschland 00 49, Österreich 00 43, Schweiz 00 41. Rufnummer für nat. Telefonauskunft in ganz Italien 12. Auf der ganzen Insel gilt die Einheitsvorwahl: 05 65.

Trinkgeld

Trotz üblicher Inklusivpreise sind Trinkgelder nicht aus der Mode; man rundet auf, bei allen persönlichen Dienstleistungen, also auch beim Friseur und im Restaurant.

Zeit

Von Ende März bis Ende September gilt auch in Italien die Sommerzeit (MEZ +1 Stunde).

Zoll

Seit 1993 gibt es für Touristen aus EU-Staaten praktisch keine Zollkontrollen mehr. Folgende Höchstmengen gelten als Anhaltspunkt, nicht als Vorschrift: 800 Zigaretten, 200 Zigarren, 1 kg Tabak, 90 Liter Wein.

Schweizer können Geschenke bis zu 200 sfr. mitbringen, zusätzlich 200 Zigaretten, 1 l Spirituosen und 2 l Wein. Deutsche Italienreisende müssen an der Schweizer Grenze alle Waren deklarieren, die diese Freimengen überschreiten, und eine Kaution hinterlegen, die am Ende der Transitstrecke zurückerstattet wird.

Register

Langenscheidt Mini-Dolmetscher

Allgemeines

Guten Tag	Buongiorno [buon**deho**rno]
Hallo!	Ciao! [tschao]
Wie geht's?	Come sta? [**ko**me sta]
Danke, gut.	Bene, grazie. [**bä**ne **grat**sje]
Ich heiße	Mi chiamo ... . [mi **kja**mo]
Auf Wiedersehen.	Arrivederci [arrive**dert**schi]
Morgen	mattina [**matti**na]
Nachmittag	pomeriggio [pome**rideho**]
Abend	sera [ßera]
Nacht	notte [**notte**]
morgen	domani [do**mani**]
heute	oggi [**odehi**]
gestern	ieri [järi]
Sprechen Sie Deutsch?	Parla tedesco? [**par**la te**des**ko]
Wie bitte?	Come, scusi? [**ko**me, **skus**i]
Ich verstehe nicht.	Non capisco. [non ka**pis**ko]
Sagen Sie es bitte nochmals.	Lo può ripetere, per favore. [lo **puo** ri**pä**tere per fa**wore**]
..., bitte	..., per favore [per fa**wore**]
Danke	Grazie [**grat**sje]
Keine Ursache	Prego [**prego**]
was / wer / welcher	che / chi / quello [ke / ki / ku**äl**lo]
wo / wohin	dove [**dowe**]
wie / wieviel / wann / wie lange?	come / quanto / quando / quanto tempo? [**ko**me / **kuan**to / **kuan**do / **kuan**to **täm**po]
Warum?	Perché? [**perke**]
Wie heißt das?	Come si chiama? [**ko**me ßi **kjam**a]
Wo ist ...?	Dov'è ...? [do**wä**]
Können Sie mir helfen?	Mi può aiutare? [mi **puo** aju**tare**]
ja	sì [ßi]
nein	no [no]
Entschuldigen Sie.	Scusi. [**skus**i]
Das macht nichts.	Non fa niente. [non fa **njän**te]

Sightseeing

Gibt es hier eine Touristeninformation?	C'è un ufficio di turismo qui? [**tschä** un u**ffi**tscho di tu**ris**mo kui]
Haben Sie einen Stadtplan / ein Hotelverzeichnis?	Ha una pianta della città / un annuario alberghi? [a **u**na p**jan**ta **del**la tsch**itta** / un annu**arjo** al**bärg**i]
Wann ist das Museum / die Kirche / die Ausstellung geöffnet?	A che ora è aperto il museo / la chiesa / l'esposizione? [a **ke** ora ä a**pär**to il mu**seo** / la **kjä**sa / leß**positsjo**ne]
geschlossen	chiuso [**kjuß**o]
Wegen Restaurierung geschlossen.	In restauro. [in re**stauro**]

Shopping

Wo gibt es ...?	Dove posso trovare ...? [**dowe po**sso tro**ware**]
Wieviel kostet das?	Quanto costa? [**kuan**to **kos**ta]
Das ist zu teuer.	È troppo caro. [ä **tro**ppo **karo**]
Das gefällt mir (nicht).	(Non) mi piace. [(non) mi **pja**tsche]
Gibt es das in einer anderen Farbe / Größe?	Ce l'ha anche di un altro colore / un'altra taglia? [tsche la **ang**ke di un **al**tro ko**lore** / un **al**tra **tal**ja]
Ich nehme es.	Lo prendo. [lo **prän**do]
Wo ist eine Bank?	Dov'è una banca? [do**wä** una **bang**ka]
Ich suche einen Geldautomaten.	Dove posso trovare un bancomat? [**dowe po**sso tro**ware** un bang**komat**]
Geben Sie mir 100 g Käse / zwei Kilo Pfirsiche	Vorrei un etto di formaggio / due chili di pesche. [wo**räi** un **ätto** di for**madeho** / **due kili** di **päs**che]
Haben Sie deutsche Zeitungen?	Ha giornali tedeschi? [a d**ehor**nali te**des**ki]
Wo kann ich telefonieren / eine Telefonkarte kaufen?	Dove posso telefonare / comprare una scheda telefonica? [**dowe po**sso tele**fona**re / kom**prare** una **sked**a tele**fonika**]

Notfälle

Ich brauche einen Arzt / Zahnarzt.	Ho bisogno di un medico / dentista. [o bi**sonjo** di un **mädiko** / den**tista**]
Rufen Sie bitte einen Kranken-	Chiami un'ambulanza / la polizia, per favore.

| wagen / die Polizei. | [kjami un ambulantsa / la politsia per fawore] | Es war sehr gut / nicht so gut. | Era molto buono / non era buono. [ära molto buono / non ära buono] |
| Wir hatten einen Unfall. | Abbiamo avuto un incidente. [abjamo awuto un intschidänte] | | |

Wo ist das nächste Polizeirevier?	Dov'è il posto di polizia? [dowä il posto di politsia]
Ich bin bestohlen worden.	Mi hanno rubato. [mi anno rubato]
Mein Auto ist aufgebrochen worden.	Hanno forzato la mia macchina. [anno fortsato la mia makkina]

Essen und Trinken

Die Speisekarte, bitte.	Il menu per favore. [il menu per fawore]
Brot	pane [pane]
Kaffee	caffè / espresso [kaffä / esprässo]
Tee	tè [tä]
mit Milch / Zucker	con latte / zucchero [kon latte / tsukkero]
Orangensaft	succo d'arancia [sukko darantscha]
Mehr Kaffee, bitte.	Un altro caffè, per favore. [un altro kaffä per fawore]
Suppe	minestra [minästra]
Fisch / Meeresfrüchte	pesce / frutti di mare [pesche / frutti di mare]
Fleisch / Geflügel	carne / pollame [karne / pollame]
Beilage	contorno [kontorno]
vegetarische Gerichte	piatti vegetariani [pjatti vedschetarjani]
Ei	uova [uova]
Salat	insalata [inßalata]
Dessert	dolci [doltschi]
Obst	frutta [frutta]
Eis	gelato [dschelato]
Wein	vino [wino]
weiß / rot / rosé	bianco / rosso / rosé [bjangko / rosso / rose]
Bier	birra [birra]
Aperitif	aperitivo [aperitiwo]
Wasser	acqua [akua]
Mineralwasser	acqua minerale [akua minerale]
mit / ohne Kohlensäure	gassata / naturale [gassata / naturale]
Limonade	limonata [limonata]
Frühstück	prima colazione [prima kolatsjone]
Mittagessen	pranzo [prandso]
Abendessen	cena [tschena]
eine Kleinigkeit	uno spuntino [uno spuntino]
Ich möchte zahlen.	Il conto, per favore. [il konto per fawore]

Im Hotel

Ich suche ein gutes / nicht zu teures Hotel.	Cerco un buon albergo / un albergo economico. [tscherko un buon albärgo / un albärgo ekonomiko]
Ich habe ein Zimmer reserviert.	Ho riservato una camera. [o riserwato una kamera]
Ich suche ein Zimmer für ... Personen.	Cerco una camera per ... persone. [tscherko una kamera per ... perßone]
Mit Dusche und Toilette.	Con doccia e WC. [kon dotscha e wutschi]
Mit Balkon / Blick aufs Meer.	Con balcone / vista sul mare. [kon balkone / wista sul mare]
Wieviel kostet das Zimmer pro Nacht?	Quanto costa la camera per notte? [kuanto kosta la kamera per notte]
Mit Frühstück?	Con la prima colazione? [kon la prima kolatsjone]
Kann ich das Zimmer sehen?	Posso vedere la camera? [posso wedere la kamera]
Haben Sie ein anderes Zimmer?	Avete un'altra camera? [awete un altra kamera]
Das Zimmer gefällt mir (nicht).	Mi piace la camera / non mi piace. [mi pjatsche la kamera / non mi pjatsche]
Kann ich mit Kreditkarte zahlen?	Posso pagare con carta di credito? [posso pagare con karta di kredito]
Wo kann ich parken?	Dove posso mettere la macchina? [dowe posso mettere la makkina]
Können Sie das Gepäck in mein Zimmer bringen?	Mi può portare i bagagli in camera? [mi puo portare i bagalji in kamera]
Haben Sie einen Platz für ein Zelt / einen Wohnwagen / ein Wohnmobil?	C'è ancora posto per una tenda / una roulotte / un camper? [tschä angkora posto per una tända / una rulott / un kamper]
Wir brauchen Strom / Wasser.	Abbiamo bisogno di corrente / acqua. [abjamo bisonjo di korränte / akua]